मोक्ष के मूल की यात्रा

फ़्रीडरिष मैक्स म्युलर : जीवन और कृत्य

वाणी प्रकाशन

नयी दिल्ली-110002

मोक्ष के मूल की यात्रा

फ़्रीडरिष मैक्स म्युलर : जीवन और कृत्य

डा. फ़्रीडमान्न श्लेंदर

जीवनी साहित्य /

डा. फ्रीडमान्न श्लेंदर
मोक्ष के मूल की यात्रा : मैक्स म्युलर : जीवन और कृत्य /
जीवन कथा व भारत के संबंध में
विचार / डा. फ्रीडमान्न श्लेंदर / ISBN 81-7055-745-3

मूल पुस्तक

Traumflieger ohne Landeplatz
Max Mueller-eine deutsche Legende in Indien
Dr. Friedemann Schlender
Berlin : Vistas, 2000

से अनूदित
अनुवादक : उज्ज्वल भट्टाचार्य

हिंदी प्रकाशक

वाणी प्रकाशन
21-ए, अंसारी रोड, दरियागंज
नयी दिल्ली-110002
फोन : 3273167, 3275710
फैक्स : 3275710

मूल्य : 400.00

ISBN 81-7055-745-3

चित्र :
आनहाल्टिनिशे लांडेसब्युषेराई देस्साउ/
विल्हेल्म म्युलर व मैक्स म्युलर की विरासत,
उलरिके सॉमर, डॉयचे वेले टेलीविज़न

अनुक्रम

प्रस्तावना

सभ्यता के अतीत तक पहुँचाने वाले अँधेरे मार्ग को दर्शाना मैक्स म्युलर का उद्देश्य था। जर्मन भारतशास्त्र, भाषा व धर्मशास्त्र के शोधकर्त्ता ने ख़ासकर भारत और यूरोप के दार्शनिक विचारों, मिथकों और भाषाओं को जोड़ने वाले तत्त्वों की खोज की। हालाँकि उन्होंने कभी भारत की यात्रा नहीं की और दोनों देशों के बीच भौगोलिक दूरी को वे नहीं पाट सके, शोध की अदम्य आकांक्षा के साथ उन्होंने एशिया और यूरोप के बीच बौद्धिक परायेपन को दूर करने में योगदान दिया।

मैक्स म्युलर की स्मृति शताब्दी के वर्ष में यह पुस्तक प्रकाशित हो रही है। पुस्तक के सद्यः प्रकाशित जर्मन संस्करण के ज़रिए इस समारोही वर्ष में जर्मनी में लोगों का ध्यान उनकी सुकृतियों की ओर आकर्षित करने का प्रयास किया गया है, जहाँ वे सिर्फ़ प्राच्यविदों के बीच ही परिचित हैं।

डॉयचे वेले इस पुस्तक के प्रकाशन के साथ घनिष्ठ रूप से जुड़ा रहा है। लेखक फ़्रीडमान्न श्लेंडर वर्षों से डॉयचे वेले के हिंदी, संस्कृत, उर्दू व बंगला विभाग के अध्यक्ष हैं, और हिंदी संस्करण के अनुवादक उज्ज्वल भट्टाचार्य भी रेडियो संस्था के हिंदी विभाग के सहकर्मी हैं।

मैक्स म्युलर स्मृति समारोह को समर्पित डॉयचे वेले की परियोजनाओं में आरंभ से ही मेरी गहरी रुचि रही है। इस पुस्तक के अलावा डॉयचे वेले टेलीवज़न की ओर से मैक्स म्युलर के जीवन और कृतियों पर एक वृत्तचित्र प्रस्तुत किया गया है। देस्साउ, लाइपज़िग, बर्लिन, पेरिस और ऑक्सफ़ोर्ड में उनके जीवन के पड़ावों को प्रदर्शित करने वाले इस कार्यक्रम का प्रसारण सिर्फ़ जर्मनी और भारत में ही नहीं, बल्कि सारे विश्व में किया

जा रहा है। डॉयचे वेले रेडियो के हिंदी, उर्दू, बंगला व संस्कृत कार्यक्रमों में उनके जीवन पर आधारित शृंखलाएँ पेश की गई हैं। इसके अलावा उनकी स्मृति शताब्दी के अवसर पर अक्तूबर के अंत में कोलोन में डॉयचे वेले की ओर से एक तीन दिवसीय अंतर्राष्ट्रीय संगोष्ठी का आयोजन किया गया था।

जर्मन सांस्कृतिक इतिहास में मैक्स म्युलर के विस्मरण और भारत में पहले के समान बनी हुई उनकी लोकप्रियता के बीच विरोधाभास शायद बना रहेगा। फिर भी मुझे विश्वास है कि इस प्रकाशन के ज़रिए जर्मनी की तरह भारत के पाठकों को भी उनके जीवन और कृतियों के बारे में रोचक जानकारी मिलेगी।

डीटर वाइरिष

महानिदेशक, डॉयचे वेले
अक्तूबर, 2000

भूमिका

स्वदेशे पूज्यते राजा विद्वान सर्वत्र पूज्यते—लेकिन क्या अपने देश में भी ज्ञानी का सम्मान होता है ? जहाँ तक भारत शास्त्री फ़्रीडरिष मैक्स म्युलर का सवाल है, तो उनके जीवन काल और उसके बाद दो दशकों तक इस संदर्भ में कोई संदेह नहीं था। प्राच्य विज्ञान के पथप्रदर्शक शोधकर्त्ता के रूप में जर्मनी, यूरोप व भारत में उनकी ख्याति बनी हुई थी। लेकिन बीसवीं शताब्दी के दौरान धीरे-धीरे एक विरोधाभास बढ़ता गया : एक ओर जहाँ भारत में उनकी लोकप्रियता बनी रही, जर्मनी में वह विलुप्त होती गई। भारत में आज भी उन्हें एक महान जर्मन विद्वान के रूप में देखा जाता है। सिर्फ़ यहीं जर्मन संस्कृति का परिचय देने के लिए बनी संस्था गोएठे संस्थान को मैक्स म्युलर भवन का नाम दिया गया है।

एक ऐसे समय में, जब विश्व के प्राचीन इतिहास और संस्कृति की खोज के सिलसिले में सारा ध्यान ग्रीस और रोम की संस्कृतियों पर दिया जा रहा था, मैक्स म्युलर साबित करना चाहते थे कि प्राचीन संस्कृति के अन्य स्रोत भी हैं। उन दिनों प्राचीन भारत की सांस्कृतिक परंपराओं के उद्‌गम लगभग विलुप्त हो चुके थे, और इंडो-जर्मन भाषा परिवार के भारतीय तत्त्व संस्कृत का अध्ययन ही मैक्स म्युलर के लिए उस उद्‌गम को प्राप्त करने का एकमात्र मार्ग था।

जर्मनी में केवल विशेषज्ञों के बीच परिचित—और भारत में जर्मन विद्वत्ता के विलक्षण प्रतीक। 1992 के बाद ही उनके जन्म नगर देस्साउ में आनहाल्ट प्रादेशिक पुस्तकालय में एक फलक याद दिलाता है कि यहाँ

6 दिसंबर 1823 को फ़्रीडरिष मैक्स म्युलर का जन्म हुआ था, जबकि भारत में शिक्षित वर्गों के बीच शायद ही कोई ऐसा मिलेगा, जो ऋग्वेद के अनुवादक के रूप में उनके कृत्यों से परिचित न हो।

प्राच्य के प्राचीन ग्रंथों के अथाह भंडार के अँग्रेज़ी संस्करण The Sacred Books of the East के 51 खंडों के संपादक के रूप में मैक्स म्युलर ने भावी पीढ़ियों के लिए भारतविद्या पर शोध का आधार प्रस्तुत किया। प्राच्य के प्राचीन धर्म आधुनिक अनुसंधान के विषय बने। वेद की ऋचाओं और उपनिषदों का संस्कृत से अँग्रेज़ी में अनुवाद करते हुए भी उन्होंने इसमें योगदान दिया। प्राच्य के बौद्धिक स्रोतों के बारे में उनका कहना था :

> *अगर मुझे सारे विश्व में से उस देश को चुनने का मौक़ा मिले, जो प्रकृति द्वारा प्रदत्त समृद्धि, शक्ति और सौंदर्य से सज्जित हो—जिसकी तुलना धरती पर स्वर्ग से की जा सकती हो—तो मैं भारत का उल्लेख करूँगा। अगर मुझसे पूछा जाए कि किस आकाश के नीचे मानवीय चेतना ने पूर्णता के साथ कुछ एक श्रेष्ठतम विचारों को विकसित किया और जीवन की महानतम समस्याओं के बारे में गहराई से चिंतन करते हुए कुछ एक के समाधान प्रस्तुत किए, प्लेटो और कांट की रचनाओं के ज्ञाताओं को भी जिन पर ध्यान देना चाहिए, तो मैं भारत का उल्लेख करूँगा।*[1]

उनका जीवन संयोग से भरा हुआ था—जर्मनी और यूरोप के विज्ञान, साहित्य व संगीत जगत् के प्रख्यात प्रतिनिधियों से संपर्क, निर्धनता और प्रसिद्धि के बीच डोलते रहना, मित्रों से निकटता व उनका स्नेह और एक जर्मन के रूप में ऑक्सफ़ोर्ड के अनुदारवादी परिवेश में अनुशासित संयम, भावी पत्नी जॉर्जिना से प्यार, और सबसे बढ़कर एक अदम्य सर्जनात्मकता, जिसके साथ वे भारत के रहस्यमय अतीत पर से पर्दा हटाने के लिए लगातार वैज्ञानिक अनुसंधान में जुटे रहे।

लेकिन उनके जीवन की सबसे आश्चर्यजनक घटना शायद यह थी

1. F. Max Müller, India—What Can It Teach Us, Delhi 1991, p. 4

मैक्स म्युलर

कि मैक्स म्युलर कभी भी उस देश की धरती पर क़दम नहीं रख सके, जिसके साथ उनके बचपन के सपने जुड़े हुए थे, और जिसके प्रति उनका सारा

दिल्ली में मैक्स म्युलर मार्ग

जीवन निवेदित था। भारत के इतिहास, धर्म, मिथकों और उसकी भाषाओं के साथ आजीवन बौद्धिक संपर्क के बावजूद वहाँ के लोगों के साथ प्रत्यक्ष परिचय, काशी के घाटों पर तीर्थयात्रियों को देखने का उनका सपना सपना ही रह गया।

देस्साउ में बाल्यावस्था

जर्मन उदारवाद और प्रारंभिक क्लासिकीय दौर का केंद्र देस्साउ उन दिनों अपनी चमक खो बैठा था, जब विल्हेल्म म्युलर और उनकी पत्नी आडेलहाइड अपने बेटे के जन्म की प्रतीक्षा में थे। सन् 1800 में शहर का हर सातवाँ नागरिक राजकीय ख़ैराती पर जी रहा था। रोज़गार के एकमात्र स्रोत थे सामंत के दरबार या दुकानों में नौकरी। फिर भी जो वेतन मिलते थे, दो वक्त खाना जुटाने के लिए काफ़ी नहीं होते थे। ऐसे ही एक दौर में एक खाते-पीते घर में 6 दिसंबर 1823 को फ़्रीडरिष मैक्स म्युलर का जन्म हुआ। उनके पिता विल्हेल्म म्युलर पुस्तकागार के अध्यक्ष, शिक्षक और कवि थे, और वालश्ट्रासे 10 में स्थित उनके घर में उनका जीवन समृद्धि के वातावरण में ही शुरू हुआ था। नगर देस्साउ उन दिनों आनहाल्ट-देस्साउ के सामंत का मुख्यालय हुआ करता था, लेकिन सामंत का इलाक़ा सिर्फ़ 15 वर्ग मील तक ही सीमित था। सामंत लीओपोल्ड फ़्रीडरिष का शासन निरंकुश था, लेकिन विल्हेल्म म्युलर को अच्छी तनख़्वाह मिलती थी।

छोटे से दरिद्र सामंती देस्साउ में लातिन, ग्रीक और इतिहास के अध्यापक के रूप में विल्हेल्म म्युलर को वार्षिक 300 थालर की तनख़्वाह मिलती थी। इसके बाद 28 साल की उम्र में वे सामंती पुस्तकागार के प्रधान बने। लेकिन उनका व्यसन था जीवन के सुंदर पक्षों का परिचय प्राप्त करना—साहित्य, दर्शन शास्त्र और प्राचीन ग्रीक सभ्यता के जगत् में विचरण करना। नौकरी के बाद भी इसके लिए उन्हें पर्याप्त समय मिल जाता था। देस्साउ में म्युलर परिवार का घर साहित्य और कलाप्रेमियों का मिलन केंद्र था। क्षेत्र के प्रसिद्ध कवि, लेखक, संगीतकार और बुद्धिजीवी वहाँ आया

करते थे। पड़ोस के द्रेस्देन में भव्य सामंती नाटक व संगीत के माहौल के साये में म्युलर के छोटे से घर में मोत्सार्ट के डॉन जुआन या बेटोफ़ेन के फ़िदेलियो जैसे ऑपेरा प्रस्तुत किए जाते थे। मूल भाषा में शेक्सपीयर, दांते या काल्डेरोन की रचनाओं का पाठ होता था, जिन्हें सुनने के लिए दूर-दूर से लोग आते थे। ग्रीक सभ्यता के गहन ज्ञान के कारण विल्हेल्म म्युलर को ग्रीक म्युलर कहा जाता था। उनकी विशेष रुचि इसमें थी कि प्राचीन संस्कृति किस प्रकार आम जनता के बीच, उसके लोकगीतों में अभिव्यक्त होती है, और ग्रीस व इटली की अपनी यात्राओं के दौरान इस क्षेत्र में उन्होंने काफ़ी सामग्री एकत्रित की थी।

ग्रीक काव्य के छंद से प्रभावित होकर विल्हेल्म म्युलर ने गीत लिखना शुरू किया, और उन्हें असाधारण प्रसिद्धि मिली। फ़्रान्त्ज़ शूबर्ट जैसे महान संगीतकार ने उनके गीतों के सुर की रचना की, और *डी श्युने म्युलरिन* (1823) और *डी विंटरराइज़े* (1827) जैसी अपनी प्रसिद्ध शृंखलाओं में उन्हें शामिल किया। शूबर्ट के सुर के साथ विल्हेल्म म्युलर का गीत *डेर लिंडेनबाउम* आज जर्मन क्लासिकीय लोकगीत संग्रह का अभिन्न अंग बन चुका है, हालाँकि अधिकतर लोग उसके कवि के नाम से परिचित नहीं हैं। बीसवीं शताब्दी तक भी गोएठे और हाइने के अलावा किसी दूसरे कवि के गीत जर्मनी में इतने लोकप्रिय नहीं हुए। 30 से अधिक संगीतकार म्युलर की कविताओं से प्रभावित हुए, और उन्होंने उनके लिए सुर दिया। खुद हाइनरिष हाइने ने विल्हेल्म म्युलर के गीतों की प्रशंसा करते हुए लिखा है : *इन गीतों में से एक पवित्र ध्वनि और एक सच्ची सरलता उभरती है, जिसकी मुझे हमेशा तलाश रहती है।* हाइने का कहना था कि गोएठे के अलावा किसी दूसरे कवि के गीत उन्हें इतने पसंद नहीं हैं।

सन् 1827 के ग्रीष्म में विल्हेल्म म्युलर अपनी पत्नी के साथ एक लंबी यात्रा पर निकले। फ़्रैंकफ़र्ट, हाइडेलबर्ग, कार्ल्सरूयुहे और श्ट्रासबुर्ग से होकर वे वाइमार पहुँचे, जहाँ योहान्न वोल्फ़गांग फ़ॉन गोएठे से उनकी मुलाक़ात हुई। यह उनके जीवन की अंतिम यात्रा थी। अक्तूबर 1827 में केवल 33 वर्ष की आयु में पत्नी, मैक्स व 1822 में जन्मी अपनी बेटी को पीछे छोड़कर वे चल बसे। विल्हेल्म म्युलर की मृत्यु के बाद उनकी पत्नी बच्चों को लेकर देस्साउ में ही अपने मायके चली गई। मैक्स म्युलर के

नाना लुडविग फ़ॉन बासेदो एक वरिष्ठ सरकारी अधिकारी थे, लेकिन 1835 में उनकी मौत के बाद परिवार की आर्थिक दशा काफ़ी बिगड़ गई। आर्थिक कठिनाइयों के कारण एक साल बाद उन्हें विशाल पारिवारिक भवन बेच देना पड़ा, और तीक्ष्णबुद्धि मैक्स म्युलर की बौद्धिक संभावनाओं का ख़्याल रखते हुए उनकी माता ने तय किया कि इस धन के एक हिस्से का उपयोग उसकी शिक्षा के लिए किया जाएगा।

लातिन और ग्रीक भाषा में बहुत अच्छे अंकों के साथ मैक्स म्युलर ने चार साल की प्राथमिक शिक्षा पूरी की। देस्साउ में उनका स्कूल बच्चों के लिए अच्छा समझा जाता था, लेकिन वे उसके स्तर से बिल्कुल संतुष्ट नहीं थे। उनके पिता विल्हेल्म म्युलर भी अपने ज़माने में स्कूल के प्रधानाध्यापक श्टाडेलमान्न को बौद्धिक रूप से संकुचित समझते थे।

शायद स्कूल के संकुचित वातावरण से ऊब कर ही मैक्स म्युलर ने दूर दराज़ के देशों में दिलचस्पी लेना शुरू किया, और इस दिलचस्पी से उभरा एक देश, जो उनके जीवन का ध्येय बनने वाला था : भारत। एक छोटी सी घटना, एक संयोग, जो दस वर्ष के स्कूली बच्चे के लिए भविष्य का मार्ग तय करने वाला था :

> *कैसे मुझे भारत से प्यार हुआ, यह एक बहुत ही पुरानी, बहुत ही लंबी कहानी है। हम उस वीर युवक की कहानी पढ़ा करते थे, कि कैसे एक सुंदरी राजकुमारी उसके सपने में आती है, और जब तक वह उसे खोज नहीं पाता है, उसे चैन नहीं रहता, और फिर वह सभी दानवों से लड़ते हुए उसे मुक्ति दिलाकर अपने घर ले आता है। भारत का भी ऐसा ही एक चित्र मेरे मन में था, और मेरी उम्र उस समय दस साल की भी नहीं थी। यह अजीब लग सकता है कि जर्मनी के एक छोटे से शहर में एक बच्चा 1833 में ही भारत का सपना देख रहा था...मुझे अच्छी तरह याद है कि स्कूली दिनों में मेरी एक कॉपी में बनारस का एक बड़ा-सा चित्र था। चित्र बहुत अच्छा नहीं था, लेकिन आज भी मैं उन पुरुषों, महिलाओं और बच्चों को देख सकता हूँ, जो गंगा नहाने के लिए घाट से नीचे उतर रहे थे। इस चित्र ने मेरी कल्पनाओं को प्रेरित किया और मैं सपने देखने लगा।*

गंगा, वाराणसी

उस समय भारत के बारे में मुझे क्या पता था ? कुछ भी नहीं, सिवाय इसके कि वहाँ के लोग काले होते हैं, कि वहाँ विधवाओं को जला

दिया जाता है, कि वे स्वर्ग जाने के लिए जगन्नाथ के रथ के नीचे दब कर जान दे देते हैं। लेकिन जो चित्र मैंने देखा, उसमें वे दुबले दिख रहे थे और मुझे वे खूबसूरत लगे, और वे कतई नीग्रो जैसे काले नहीं थे। और गंगा के किनारे मस्जिद और मंदिर मुझे देस्साउ के गिरजों और महलों से कहीं अधिक भव्य और सुंदर लगे।[2]

एक ओर दूर के विश्व का यह लुभावना चित्र, दूसरी ओर देस्साउ का संकुचित वातावरण। बालक मैक्स म्युलर का मन इन दोनों के बीच डोल रहा था, लेकिन साथ ही विकसित हो रहा था भविष्य का भारत शास्त्री, जो सारे विश्व को भारत की प्राचीन सभ्यता का परिचय देगा। बाद में अपनी आत्मकथा में वे लिखते हैं :

देस्साउ का वातावरण अत्यंत संकुचित था, लेकिन उसकी सीमाओं के अंदर एक सुखी, व्यस्त जीवन फलफूल रहा था। हर कोई व्यवस्था के अनुरूप अपना काम किए जाता था। देस्साउ के व्यापारियों के संबंध लाइपज़िग और बर्लिन से परे मुश्किल से हैम्बर्ग या कोलोन तक हुआ करते थे। अगर कोई इन शहरों की यात्रा करता था, तो सारे शहर में लोग उसकी चर्चा करते थे, और लंदन या पेरिस की यात्रा तो ऐसी एक घटना थी, अख़बारों में भी जिसका उल्लेख होता था।[3]

---

2. F. Max Müller, Indian Friends. Delhi 1982, p. 1-3
3. F. Max Müller, Aus Meinem Leben. Gotha 1902, p. 60 f.

देस्साउ से लाइपज़िग

जर्मनी में शुरू हुए तथाकथित लफ़्फ़ाजी रोकने के दौर से सामंती मुख्यालय देस्साउ भी अछूता नहीं रह गया था। स्कूली अनुशासन में सख़्ती तथा स्कूल के अंदर व बाहर विद्यार्थियों की निगरानी और राजनीतिक संदेह के कारण बौद्धिक स्वतंत्रता संकुचित हो रही थी। प्राथमिक शिक्षा पूरी करने के बाद मैक्स म्युलर 1836 के ईस्टर में देस्साउ छोड़कर लाइपज़िग रवाना हुए, वहाँ के प्रसिद्ध निकोलाई उच्च माध्यमिक विद्यालय में शिक्षा पाने के लिए। दिवंगत पिता के मित्र डॉ. ऐन्स्र्ट आउगुस्त कारुस ने बड़ी ही आत्मीयता के साथ मैक्स म्युलर को अपने परिवार में ग्रहण किया, और उनके लिए उन्मुक्त हुआ लाइपज़िग का उदार बौद्धिक विश्व। डॉ. कारुस म्युलर परिवार के सच्चे शुभाकांक्षी और मित्र साबित हुए। वे नगर की राष्ट्रीय उदारवादी चेतना को प्रभावित करने वाले प्रसिद्ध बुद्धिजीवियों में से थे। वे सन् 1813 में नेपोलियन के साथ बैट्ल ऑफ़ नेशन्स के नाम से प्रसिद्ध युद्ध में भाग ले चुके थे और उनके घर में उस समय के विद्रोही तेवर के बुद्धिजीवी आया करते थे, बाद में 1848 की जर्मन क्रांति में जिन्होंने एक महत्त्वपूर्ण भूमिका निभाई।

कारुस परिवार में नियमित रूप से कवियों और संगीतकारों का आना-जाना था। शाम को घर में एक संगीतमय सांस्कृतिक वातावरण होता था, और पिआनोवादक के रूप में किशोर मैक्स म्युलर का भी इनमें एक सक्रिय योगदान होता था। युवा मैक्स म्युलर के जीवन की एक अविस्मरणीय घटना थी प्रसिद्ध संगीतकार फ़ेलिक्स मेंडेलसोन बार्थोल्डी से परिचय, जो 1835 से लाइपज़िग गेवांडहाउस ऑर्केस्ट्रा के प्रधान थे, और बाख की परंपरा में लाइपज़िग को संगीत के जगत् में नई ख्याति के शिखर पर पहुँचा रहे

थे। कारुस और मेंडेलसोन बार्थोल्डी के बीच मित्रता के कारण मैक्स म्युलर को फ़्रान्त्ज़ लीस्ट या रॉबर्ट शुमान्न जैसे अन्य प्रसिद्ध संगीतकारों को भी व्यक्तिगत रूप से जानने का मौक़ा मिला। संगीत के इस वातावरण से प्रभावित होकर मैक्स म्युलर खुद भी एक संगीतकार बनना चाहते थे। लेकिन मेंडेलसोन बार्थोल्डी ने उन्हें संगीत के क्षेत्र में न आने की सलाह दी। शायद इसका कारण उनकी संगीत प्रतिभा का अभाव नहीं, बल्कि बौद्धिक क्षेत्र में मेधावी छात्र मैक्स म्युलर की संभावनाएँ थीं।

15 साल की उम्र में ही मैक्स म्युलर देख रहे थे कि शाम की इन बैठकों में बौद्धिक आलोचनाओं में से राजनीतिक बातचीत उभरती हैं—संपर्क बनते हैं, जो भविष्य में जीवन की दिशा निरूपित करने में सहायक सिद्ध होते हैं। लाइपज़िग व बाद में बर्लिन में बने संपर्क मैक्स म्युलर के जीवन में भी अक्सर काम आए।

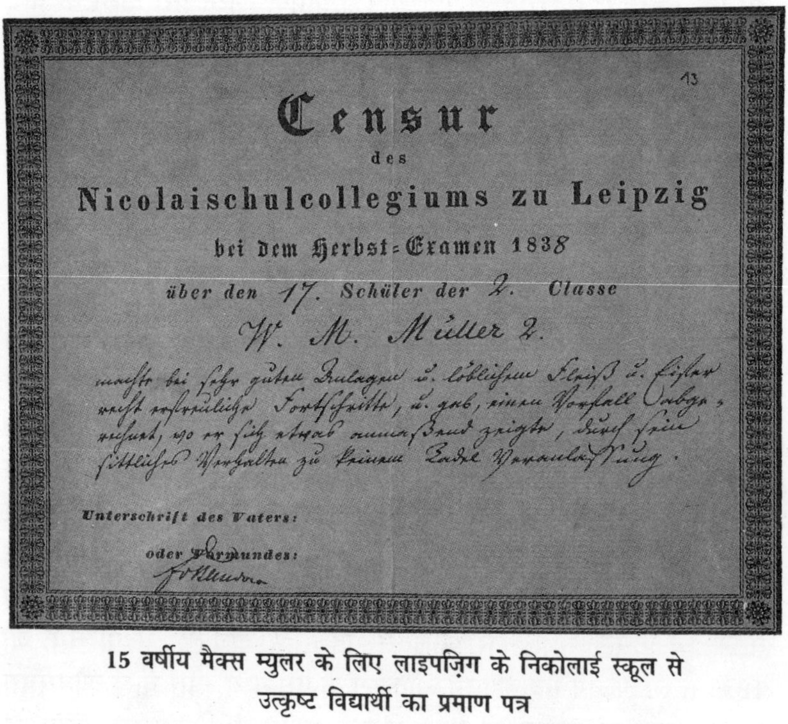
13

Censur
des
Nicolaischulcollegiums zu Leipzig
bei dem Herbst-Examen 1838
über den 17. Schüler der 2. Classe
W. M. Müller 2.

machte bei sehr guten Anlagen u. löblichem Fleiß u. sichtbar recht erfreuliche Fortschritte, u. gab, einen Vorfall abgerechnet, wo er sich etwas anmaßend zeigte, durch sein sittliches Verhalten zu keinem Tadel Veranlassung.

Unterschrift des Vaters:
oder Vormundes:

15 वर्षीय मैक्स म्युलर के लिए लाइपज़िग के निकोलाई स्कूल से उत्कृष्ट विद्यार्थी का प्रमाण पत्र

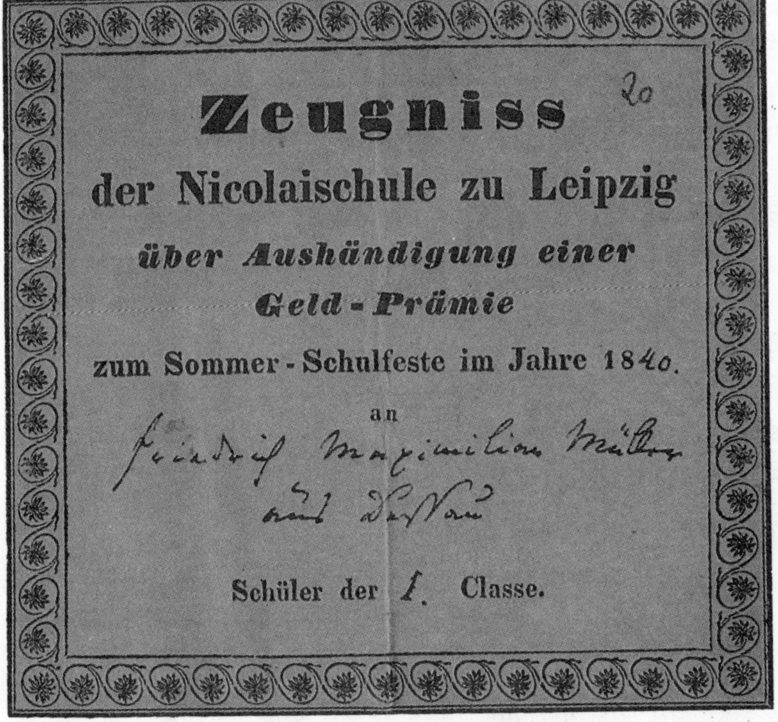

20

Zeugniss

der Nicolaischule zu Leipzig

über Aushändigung einer

Geld - Prämie

zum Sommer - Schulfeste im Jahre 1840.

an

Friedrich Maximilian Müller

aus Dessau

Schüler der I. Classe.

मैक्स म्युलर को विशेष वजीफ़ा का प्रमाण पत्र

इन बैठकों में प्राप्त स्नेह मैक्स म्युलर को पसंद था। इसे स्वीकार करते हुए बाद में वे लिखते हैं : *यहीं मेरे मन में यह भावना पैदा हुई, कि किसी विशेष क्षेत्र में अनुसंधान किया जाए, विज्ञान के किसी ऐसे क्षेत्र में, जिसे अभी तक छुआ नहीं गया है...अज्ञात का एक आकर्षण था, और मुझे मानना पड़ेगा कि अज्ञात के अध्ययन में भी, जिसके बारे में मेरे मित्रों और स्कूली साथियों को पता न हो।*[4] और इस सिलसिले में यह संभावना उन्हें असंभव नहीं लगती थी कि बाद में वे किसी जर्मन विश्वविद्यालय में प्राचार्य बनेंगे। स्कूल में भी वे मुँह छिपाकर नहीं रहते थे। विशेष अवसरों पर उन्हें अपनी प्रतिभा दिखाने का अवसर भी मिलता था। मसलन 1839 में नगर

4. F. Max Müller, Aus meinem Leben. Gotha 1902, p. 120 f.

के निकोलाई गिरजे में मार्टिन लूथर के धर्मोपदेश की 300वीं जयंती या उसके एक साल बाद मुद्रण कला के आविष्कार की 400वीं जयंती के अवसर पर हुए समारोहों में उन्हें स्वरचित कविताएँ प्रस्तुत करने का अवसर मिला। सन् 1900 में मैक्स म्युलर के देहांत के बाद निकोलाई विद्यालय में हुए स्मृति समारोह में इस परंपरा-समृद्ध संस्थान के प्रधानाध्यापक ने कहा था कि उनके विद्यालय से दो प्रतिभाएँ निकली हैं : एक थे अनेक विषयों के प्रकांड पंडित गॉटफ़्रीड विल्हेल्म लाइबनित्ज़ और दूसरे फ़्रीडरिष मैक्स म्युलर।

इसके साथ-साथ मैक्स म्युलर अपनी उच्च माध्यमिक परीक्षा की तैयारी में भी जुटे हुए थे। हालाँकि वे लाइपज़िग के निकोलाई विद्यालय के छात्र थे, लेकिन परीक्षा उन्होंने निकट के नगर त्सैब्सर्ट से दी। इसका कारण बिल्कुल व्यावहारिक था, क्योंकि इसकी वजह से 1841 में लाइपज़िग विश्वविद्यालय में प्रवेश के बाद उन्हें वज़ीफ़ा मिलने लगा। और तभी उनके शैक्षणिक जीवन में एक मोड़ आया :

यह वह समय था, जब मैंने स्कूल की पढ़ाई ख़त्म की और सन् 1841 में लाइपज़िग विश्वविद्यालय में भर्ती हुआ, कि एक निश्चित विचार मेरे मन में लौट-लौटकर आने लगा और एक ठोस रूप लेने लगा। मैं धीरे-धीरे ग्रीक और लातिन से और दुबारा गरमाई गई सब्ज़ी या होमर और होरेज़ के बार-बार दुहराव से थोड़ा तंग आने लगा। फिर मुझे पता चला कि विश्वविद्यालय में संस्कृत शिक्षा का नया विभाग शुरू किया जा रहा है। और मैंने नोटिस देखी कि प्रोफ़ेसर ब्रोकहाउस भारतीय साहित्य पर व्याख्यान देने वाले हैं। अचानक मेरा मन उत्सुकता से भर उठा। अरब भाषा के साथ मेरा थोड़ा-सा परिचय हो चुका था, लेकिन अब संस्कृत के प्रति मेरा गहरा लगाव होने लगा और अपने पहले क्लासिकीय प्रेम से मैं दूर होता गया। प्रोफ़ेसर ब्रोकहाउस एक उत्कृष्ट, मित्रवत और मददगार शिक्षक थे।[5]

लाइपज़िग विश्वविद्यालय में सन् 1841 में स्थापित भारत शास्त्र विभाग के पहले छात्रों में मैक्स म्युलर शामिल थे। उनके प्राध्यापक थे देश के प्रसिद्ध

---

5. F. Max Müller, Indian Friends. Delhi 1982, p. 3 f.

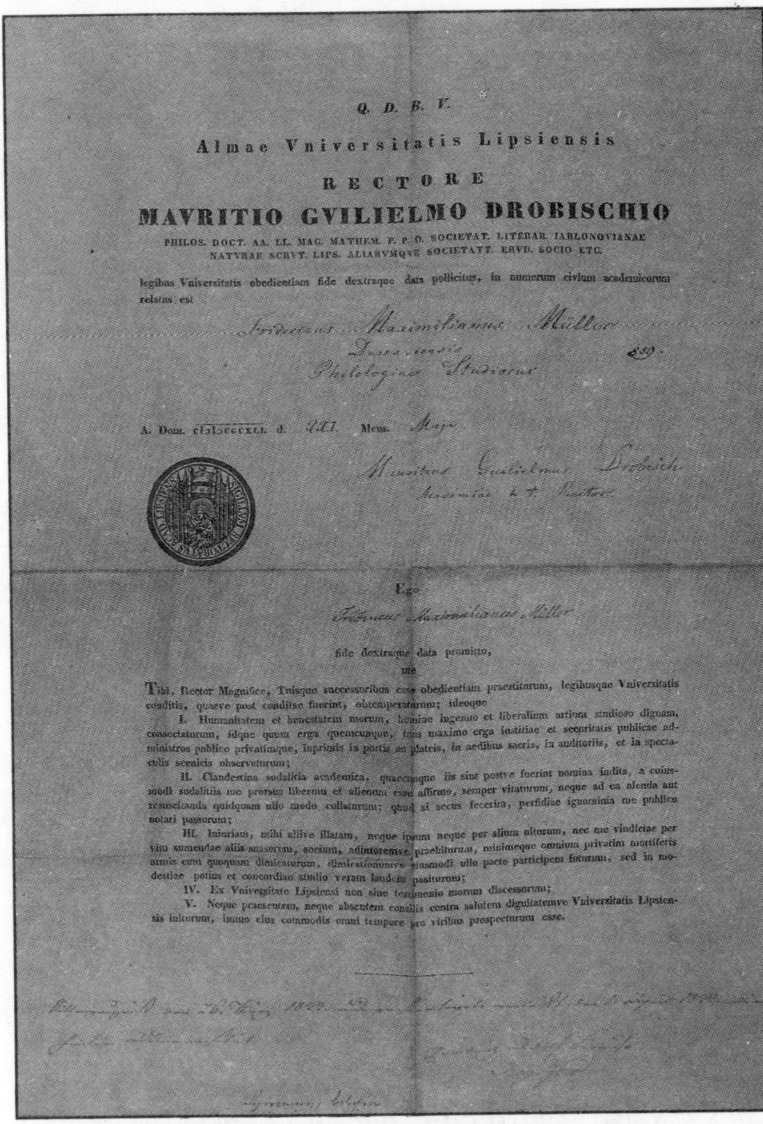

Q. D. B. V.

Almae Vniversitatis Lipsiensis

RECTORE

MAVRITIO GVILIELMO DROBISCHIO

PHILOS. DOCT. AA. LL. MAG. MATHEM. P. P. O. SOCIETAT. LITERAR. IABLONOVIANAE NATVRAE SCRVT. LIPS. ALIARVMQVE SOCIETATT. ERVD. SOCIO ETC.

legibus Vniversitatis obedientiam fide dextraque data pollicitus, in numerum civium academicorum relatus est

Fridericus Maximilianus Müller
Dessaviensis
Philologiae Studiosus

A. Dom. cIↃIↃcccXLI. d. XXI. Mens. Maji.

Mauritius Guilielmus Drobisch
Academiae h. t. Rector

Ego

Fridericus Maximilianus Müller

fide dextraque data promitto,

me

Tibi, Rector Magnifice, Tuisque successoribus esse obedientiam praestiturum, legibusque Vniversitatis conditis, quaeve post conditae fuerint, obtemperaturum; ideoque

I. Humanitatem et honestatem morum, homine ingenuo et liberalium artium studioso dignam, consectaturum, idque quum erga quemcunque, tum maximo erga iustitiae et securitatis publicae administros publico privatimque, inprimis in portis ac plateis, in aedibus sacris, in auditoriis, et in spectaculis scenicis observaturum;

II. Clandestina sodalitia academica, quaecunque iis sint postve fuerint nomina indita, a cuiusmodi sodalitiis me prorsus liberum et alienum esse affirmo, semper vitaturum, neque ad ea alenda aut resuscitanda quidquam ullo modo collaturum; quod si secus fecerim, perfidiae ignominia me publice notari passurum;

III. Iniuriam, mihi alive illatam, neque ipsum neque per alium ulturum, nec me vindictae per vim sumendae aliis suasorem, socium, adiutoremve praebiturum, minimeque omnium privatim mortiferis armis cum quoquam dimicaturum, dimicationumve eiusmodi ullo pacto participem futurum, sed in modestiae potius et concordiae studio veram laudem positurum;

IV. Ex Vniversitate Lipsiensi non sine testimonio morum discessurum;

V. Neque praesentem, neque absentem consilia contra salutem dignitatemve Vniversitatis Lipsiensis initurum, immo eius commodis omni tempore pro viribus prospecturum esse.

लाइपज़िग विश्वविद्यालय में प्रवेश का प्रमाण पत्र, 1841

प्रकाशक फ़्रीडरिष आर्नोल्ड ब्रोकहाउस के पुत्र और प्रसिद्ध संगीतकार रिचार्ड वागनर के संबंधी हैरमान्न ब्रोकहाउस। ब्रोकहाउस की रुचि प्राचीन शास्त्र के दर्शनशास्त्रीय विश्लेषण से कहीं अधिक भाषाशास्त्र में थी। धर्मशास्त्रों के इतिहास के तुलनात्मक अध्ययन के परवर्ती प्रयासों की प्रेरणा मैक्स म्युलर को संभवतः विल्हेल्म वोल्फ़सोन से मिली। वोल्फ़सोन बाद के प्रसिद्ध लेखक थेओडोर फ़ोंटाने के मित्र थे और वे ओदेस्सा के एक यहूदी परिवार के थे। उन्होंने पहली बार रूसी साहित्य का जर्मन में अनुवाद किया और उन्हीं की वजह से उन दिनों लाइपज़िग में साहित्य प्रेमी पुश्किन, गोगोल या लेर्मोन्तोव की रचनाओं से परिचित हो सके। धार्मिक सहिष्णुता के कारण उनकी दिलचस्पी धर्मशास्त्रों के तुलनात्मक अध्ययन में थी। मैक्स म्युलर जानते थे कि एक ईसाई महिला से शादी की कोशिश के कारण वोल्फ़सोन को अधिकारियों ने किस प्रकार तंग किया था। वे भी नागरिक स्वतंत्रता पर लगाए गए अंकुशों से पीड़ित थे। ईसाई महिला से शादी करने के लिए वोल्फ़सोन को लाइपज़िग छोड़ना पड़ा। और उनकी शादी के कुछ दिन बाद ही देस्साउ में ऐसे उदार कानून बदल दिए गए।

डॉ. कारुस के संपर्कों के कारण म्युलर को लाइपज़िग के कवियों के संगठन हैरवेग क्लब में प्रवेश मिला। बाद के प्रसिद्ध लेखक थेओडोर फ़ोंटाने उन दिनों फ़ार्मेसिस्ट के रूप में प्रशिक्षण प्राप्त कर रहे थे। वर्षों बाद 18 वर्षीय मैक्स म्युलर के बारे में वे लिखते हैं :

> *हमारे क्लब के सितारे थे मैक्स म्युलर, ज़ाहिर है कि अपनी उपलब्धियों के कारण। वे वोल्फ़सोन के अपने क्षेत्र, समाज शास्त्र में उनकी बराबरी कर सकते थे, बल्कि उन्हें मात भी दे सकते थे। लेकिन अभी उनकी उम्र सिर्फ़ 18 साल थी...कभी-कभी ही वे कोई तीर चला बैठते थे। ...हमारी मंडली में मैक्स म्युलर का बड़ा सम्मान था, लेकिन उसका कारण यह था कि वे एक अत्यंत मेधावी छात्र थे और उनके पिता एक प्रसिद्ध व्यक्ति थे। उस समय हमने सोचा भी नहीं था कि वे अपने पिता से भी आगे बढ़ेंगे।*[6]

---

6. Theodore Fontane, Von Zwanzig bis Dreissig. Leipzig 1968, p. 100

भारत की खोज के मार्गदर्शक

उन दिनों जर्मनी में अनेक बुद्धिजीवियों के लिए दूर का भारत एक रूमानी रहस्य था। हिमालय के उस पार इस रहस्यमय देश के बारे में जर्मनी में शायद ही कोई जानकारी थी। सन् 1791 में पहली भारतीय रचना के रूप में गेऑर्ग फ़ॉर्स्टर ने कालिदास के नाटक शकुंतला का अनुवाद किया था। योहान्न गॉटफ़्रीड हैर्डर की राय में विश्व दृष्टिकोण के विकास में प्राचीन भारत के ज्ञान का समावेश एक मानवतावादी कर्तव्य था और गोएठे का भी मानना था कि विश्व की एक समयानुरूप परिकल्पना के लिए दूर प्राच्य के देशों के अब तक अज्ञात दार्शनिक विचारों को ग्रहण करना अत्यावश्यक है। अपने नाटक फ़ाउस्ट के लिए गोएठे ने कालिदास के नाटक शकुंतला से प्रेरणा ली। नाटक के प्राक्कथन की अवधारणा को वे प्राचीन भारतीय नाट्य जगत् से वाइमार तक ले आए थे। *अगर मैं यौवन का पुष्प और परिणत अवस्था का फल चाहूँ, अगर मैं उद्दीपन और आनंद चाहूँ, अगर मैं समझना चाहूँ कि संतोष और तृप्ति कहाँ है, तो शकुंतला, तुम्हारा नाम पर्याप्त है।* गोएठे की यह प्रशस्ति प्राच्य के रहस्यमय विश्व के बारे में किसी काल्पनिक धारणा का उच्छ्‌वास नहीं था, बल्कि उसमें हमें उस दौर में विश्व के मर्म को समझने का एक प्रयास दिखता है।

लेकिन जर्मनी में भारत के जीवन और उसकी संस्कृति के बारे में ज्ञान सीमित था। भारत के बारे में ज्ञान हासिल करने के लिए इंगलैंड से अँग्रेज़ी अनुवाद में प्राप्त स्रोतों का आश्रय लेना पड़ता था। अगर भारत के बारे में देश में भी कभी-कभी जानकारी मिलती थी, तो इसका श्रेय ईसाई मिशनरियों को जाता था, जिन्होंने मुसीबतें झेलकर भारत की यात्रा की थी।

भारतवासियों का हृदय जीतने के लिए उन्हें उनकी भाषा सीखनी पड़ी थी। ख़ास कर दक्षिण भारत में तमिल, तेलुगु, मलयालम या कन्नड़ जैसी द्रविड़ भाषाओं को सीखने की कोशिश करने वाले मिशनरियों को काफ़ी कठिनाइयों का सामना करना पड़ता था, क्योंकि उन दिनों इन भाषाओं का कोई व्यवस्थित व्याकरण नहीं था। भाषा शोध के क्षेत्र में पथप्रदर्शक थे बार्थोलोमॉयस त्सिगेनबाल्ग (1682-1719), जिन्होंने हाल्ले के प्रोटेस्टेंट धर्मशास्त्री व शिक्षाशास्त्री आउगुस्ट विल्हेल्म फ़्रांके से प्रेरित होकर शिक्षा के साथ धार्मिक मिशन को जोड़ने की कोशिश की। तमिल भाषा पर उनके कामों को भारत में द्रविड़ भाषाओं पर शोध का आधार समझा जाता है। उन्नीसवीं शताब्दी में हैरमान्न हेस्से के नाना, जर्मन मिशनरी हैरमान्न गुंडर्ट ने मलयालम के क्षेत्र में काम किया। गुंडर्ट से काफ़ी पहले 18वीं शताब्दी के आरंभ में ब्रांडेनबुर्ग के सोन्नेनबर्ग के मिशनरी बेन्यामिन शुल्ज़े ने 24 सालों तक दक्षिण भारत में रहकर तमिल व तेलुगु के साथ-साथ उर्दू का अध्ययन किया। उन्होंने उर्दू भाषा में ओल्ड व न्यु टेस्टामेंट का अनुवाद किया व उर्दू भाषा के एक व्याकरण (Schultzi Grammatical Hindostanica) की रचना की, 1748 में लाइपज़िग में जिसे प्रकाशित किया गया। 1854 में ईसाई मिशनरी के रूप में व्युर्टेमबर्ग के ऐर्नेस्ट ट्रुम्प भारत रवाना हुए, पर उनका मुख्य काम था भारतीय भाषाएँ सीखना और मिशनरियों के काम के लिए व्याकरण और शब्दकोशों की रचना करना। भाषा के क्षेत्र में अद्भुत प्रतिभा के कारण कराची आने के एक साल बाद ही वे सिंधी भाषा में इस तरह पारंगत हो चुके थे, कि उन्होंने सिंधी भाषा सीखने की एक पुस्तक लिखी व कुछ समय बाद सिंधी भाषा के व्याकरण की रचना की। उन्होंने इसके अलावा पश्तु, पंजाबी, कश्मीरी, नेपाली और फ़ारसी भाषा का अध्ययन किया। जर्मनी में आज इनके नाम भुला दिए गए हैं। लेकिन भारत और पाकिस्तान में आज भी उनका नाम आदर के साथ लिया जाता है।

उन्नीसवीं शताब्दी के रूमानी जर्मन चिंतकों का विश्व सुदूर की ललक व रहस्यों से भरे चित्रों के द्वारा चरित्रात्मक था। एक हज़ार एक रात की प्राच्य की कहानियाँ अबोध्य की खोज में उन्हें कल्पना की उड़ानें भरने का मौक़ा देती थीं। लेकिन वैज्ञानिकों को सपनों के स्थान पर ठोस यथार्थ की खोज करनी थी : अज्ञात को ज्ञात बनाना था, अबोध्य को बोधगम्य बनाना

था। लेकिन भारत के रहस्य को उन्मुक्त करने के लिए प्राचीन भारत की भाषा संस्कृत का ज्ञान अत्यावश्यक था। पेरिस के रास्ते संस्कृत का अध्ययन करने वाले पहले जर्मन थे फ्रीडरिष श्लेगेल। 1802 में पेरिस में बसने के बाद वे ब्रिटिश नौसैनिक अफ़सर आलेक्ज़ांडर हैमिल्टन के संपर्क में आए, भारत से इंगलैंड लौटते समय जिन्हें पेरिस में गिरफ़्तार कर लिया गया था। उस समय हैमिल्टन संस्कृत जानने वाले एकमात्र यूरोपवासी थे। श्लेगेल ने उनसे जर्मन सीखना शुरू किया। 1818 में प्रकाशित भारत की भाषाओं और उसके दर्शनशास्त्र पर उनकी पुस्तक Ueber die Sprache und Weisheit der Indier. Ein Beitrag zur Begruendung der Altertumskunde जर्मनी में भारतविद्या पर पहली वैज्ञानिक पुस्तक थी। उनके इस अध्ययन के फलस्वरूप पहली बार विश्वविद्यालयों का ध्यान प्राच्य की संस्कृति व उसके साहित्य की ओर गया। भारत के ऐतिहासिक साहित्यिक स्रोतों के शोध की ज़रूरत महसूस की जाने लगी। 1818 में ही बॉन विश्वविद्यालय में भारतविद्या के प्रोफ़ेसर के पद की स्थापना की गई।

25 वर्ष बाद मैक्स म्युलर जर्मनी में भारतविदों की दूसरी पीढ़ी के प्रतिनिधि थे। कड़ी मेहनत करते हुए सिर्फ़ 20 वर्ष की आयु में तीन वर्षों के अध्ययन के बाद वे भारतविद्या के स्नातक बने। ग्रीक व लातिन के अच्छे ज्ञान के अलावा अरबी, फ़ारसी और हिब्रू भाषा से भी उनका परिचय था। संस्कृत के अध्ययन के बाद औपचारिक भाषाशास्त्र से होकर तुलनात्मक भाषाशास्त्र, व मिथकों और दार्शनिक चिंतन पर शोधकार्य का रास्ता उनके लिए मुश्किल न था। अपने अध्ययन के पहले वर्षों के दौरान ही उन्होंने प्राचीन भारतीय कथासंग्रह हितोपदेश का जर्मन में अनुवाद किया।

सैक्सनी से प्रशिया के केंद्र में

अपने विश्वविद्यालय के कारण लाइपज़िग को सैक्सनी प्रदेश में शिक्षा का सबसे महत्त्वपूर्ण केंद्र माना जाता था। लेकिन मैक्स म्युलर की अपेक्षाएँ पूरी नहीं हो रही थीं। इसके अलावा उन्हें पता चला कि कुछ समय से बर्लिन में हस्तलिखित पांडुलिपियाँ संचित हैं, जिन्हें प्रशिया के सम्राट ने इंगलैंड के प्राच्यविद रॉबर्ट चेम्बर्स से ख़रीदी थीं। शोधकर्ता के रूप में इनमें उत्सुकता के अलावा सबसे बड़ी बात कि तुलनात्मक भाषाशास्त्र के अध्ययन में उन्हें फ़्रान्त्ज़ बॉप्प से काफ़ी प्रेरणा की उम्मीद थी। बर्लिन विश्वविद्यालय के प्रोफ़ेसर बॉप्प इंडो-जर्मन अध्ययन के संस्थापक थे, और उनकी व्यापक ख्याति थी। भाषाओं के उनके तुलनात्मक अध्ययन से अतीत की विभिन्न जातियों के बीच समानताओं की जानकारी मिली, औपचारिक भाषाशास्त्रियों के बीच जिनका मख़ौल उड़ाया जाता था।

> *मुझे दूसरों से कहीं बेहतर उस समय की याद है, जब क्लासिकीय पंडित संस्कृत की तुलना में ग्रीक व लातिन व्याकरण की व्याख्या की बॉप्प के विचारों का मख़ौल उड़ाते थे। ...क्या उन जल्दबाज़ लेखकों को पता था कि ऐसी विधि का क्या अर्थ हो सकता है और कैसे वह समूची मशीनरी को ठप्प कर दे सकती है ? क्या होता, अगर वेदों में अचानक जेहोवा या जाहवे का नाम मिल जाता ?*[7]

संस्कृत, ज़ेंड, ग्रीक, लातिन और गोथिक के व्याकरणों के तुलनात्मक

7. F. Max Müller, Indian Friends. Delhi 1982, p. 176

अध्ययन पर अपनी पुस्तक (Comparative Grammar of Sanskrit, Zend, Greek, Latin, and Gothic) के साथ फ़्रान्त्ज़ बॉप्प ने भाषाशास्त्र के शोध को एक नया आयाम प्रदान किया था। साथ ही यह अध्ययन मानव सभ्यता के इतिहास पर शोध के क्षेत्र में एक नया दृष्टिकोण प्रस्तुत करता था। प्राच्य की संस्कृतियों तक पहुँच को सुगम बनाने वाली इस वैज्ञानिक उन्मुक्तता से प्रोत्साहित होकर मैक्स म्युलर सन् 1844 में बर्लिन पहुँचे।

> *बर्लिन मुझे आकर्षित कर रहा था, बॉप्प के व्याख्यानों के कारण, लेकिन उससे कहीं अधिक मैं शेलिंग से मिलना चाहता था। दर्शनशास्त्र से मेरा लगाव बढ़ता जा रहा था—प्राचीन दर्शनशास्त्र के एक आवश्यक रूप के तौर पर मिथकों के बारे में मेरे विचार विकसित हो रहे थे।*[8]

उस समय फ़्रान्त्ज़ बॉप्प अपने पांडित्य के शिखर को पार कर चुके थे, और अब वे मुख्यतः अपनी पुरानी कृतियों पर जी रहे थे। लेकिन मैक्स म्युलर निराश नहीं हुए, इस मार्गदर्शक भारतशास्त्री के प्रति उनके मन में गहरी श्रद्धा थी। फ़्रान्त्ज़ बॉप्प से अपनी मुलाक़ात की याद करते हुए बाद में वे लिखते हैं :

> *सबसे पहले मैं कहना चाहूँगा कि हालाँकि वे बड़ी आत्मीयता के साथ मुझसे मिले, लेकिन तिरपन साल की आयु में ही वे काफ़ी वृद्ध लग रहे थे। एक लेंस की मदद से कक्षा में उन्होंने तुलनात्मक व्याकरण पर अपना व्याख्यान पढ़ा और शायद ही कोई नई बात कही। उन्होंने मुझे कुछ पांडुलिपियाँ दीं, अपनी युवावस्था में जिन्हें उन्होंने लातिन में लिखा था, लेकिन कठिन समस्याओं पर मुझे उनकी मदद नहीं मिली। कहना पड़ेगा कि उन्हें देखकर मुझे थोड़ा अचरज हुआ—मैं तो अब तक हर प्रोफ़ेसर को सर्वज्ञानी समझता था। लेकिन एक समय आता है, जब हमें भी समझ में आने लगती है कि तिरपन साल की उम्र में ही इनसान काफ़ी कुछ भूलने लगता है, यहाँ तक कि अपने विषय और शोध के क्षेत्र में भी नए अध्ययनों पर ध्यान नहीं देता, क्योंकि*

8. F. Max Müller, Aus Meinem Leben. Gotha 1902, p. 128

Ober-Polizei-Behörde

des Herzogthums Anhalt-Deßau.

Reisepaß, № 26

gültig auf drei Jahre des Paß-Journals.

Bezeichnung de Reisenden:

Alter: 26 Jahr,
Größe: 5 Fuß 7 Zoll,
Haare: braun
Stirn: niedrig
Augenbraunen: braun
Augen: braun
Nase: gewöhnlich
Mund: gewöhnlich
Bart: schwarz
Kinn: rund
Gesicht: oval
Gesichtsfarbe: gesund

Besondere Zeichen:

Unterschrift des Reisenden:
Max Müller

Im Namen
Seiner Hoheit,
des ältestregierenden Herzogs zu Anhalt, Herzogs zu Sachsen, Engern und Westphalen, Grafen zu Askanien, Herrn zu Zerbst, Bernburg u. Gröbzig
rc. rc. rc.,
werden alle Civil- und Militair-Behörden ersucht,
den Vorzeiger dieses,
Herrn Dr. phil. Max Müller
gebürtig von Deßau wohnhaft in Deßau,
von hier nach London über Paris
~~mit~~
frei und ungehindert reisen und zurückreisen, ihm auch nöthigen Falls den erforderlichen Schutz und Beistand angedeihen zu lassen. Solches soll hiesiger Seits jederzeit gehörig erwiedert werden.

Geschehen zu Deßau, am 22. December
ein Tausend acht Hundert und neun und vierzig

Herzoglich Anhaltische Regierung,
als Ober-Polizei-Behörde des Landes.

HERZOGL. ANHALT. REGIERUNG DESSAU

PARIS

मैक्स म्युलर का पारपत्र

वह अपने अध्ययन में ही इतना डूबा रहता है। इस सिलसिले में हमें उस प्रवीण प्रोफ़ेसर की कहानी याद आ जाती है, नई बारीकियों के बारे में बताने वाले अपने छात्र से जिन्होंने कहा था : बरखुरदार, जितना आप जानते हो, उससे कहीं ज्यादा मैं भूल चुका हूँ।[9]

बर्लिन में मैक्स म्युलर के शिक्षकों में शामिल थे फ़्रीडरिष रूयुकर्ट और योहान्न विल्हेल्म योज़ेफ़ फ़ॉन शेलिंग। रूयुकर्ट फ़ारसी के पंडित थे, और अब दरअसल अध्यापन से छुटकारा पाना चाहते थे। उन्हें उम्मीद थी कि अब फ़ारसी के छात्र नहीं आएँगे, और वे कुछ समय के लिए बर्लिन छोड़कर कोबुर्ग के निकट अपने गृहनगर नॉयसेस जा सकेंगे। इसलिए शुरू में छात्र के रूप में मैक्स म्युलर को ठुकराते हुए उन्होंने कहा कि फ़ारसी सीखने के लिए अरबी का ज्ञान होना चाहिए। लेकिन लाइपज़िग में मैक्स म्युलर अरबी की शिक्षा प्राप्त कर चुके थे। जब यह बहाना काम न आया, तो रूयुकर्ट ने कहा कि कक्षा में कम से कम तीन छात्र होने चाहिए। इसके बाद मैक्स म्युलर ने दो और छात्रों को फ़ारसी सीखने के लिए मनाया, ताकि प्रोफ़ेसर को कक्षा लेनी पड़े। इन दोनों में से एक बाद में प्रख्यात पंडित बने, जबकि दूसरे को भी फ़ारसी सीखने में कोई एतराज़ नहीं था। रूयुकर्ट के अध्यापन का अनौपचारिक तरीक़ा छात्रों को पसंद था। अध्यापन के दौरान अक्सर वे तमिल या चीनी भाषा के भी उदाहरण प्रस्तुत करते थे। संस्कृत और ज़ेंड भाषा में भी वे पारंगत थे। वे कहा करते थे कि हर नई सीखी हुई भाषा चेतना को कुछ और उन्मुक्त करती है। जब रूयुकर्ट को मैक्स म्युलर की मेधा का परिचय मिला और साथ ही बाद में जब उन्हें पता चला कि वे उनके प्रिय कवि विल्हेल्म म्युलर के पुत्र हैं, तो उनकी प्रारंभिक उदासीनता जल्द ही हार्दिकता में बदल गई।

लेकिन बर्लिन पर्व में मैक्स म्युलर को सबसे अधिक प्रभावित किया दर्शनशास्त्री और मिथकों के शोधकर्ता शेलिंग ने। 21 वर्षीय शेलिंग और 69 वर्षीय दर्शनशास्त्री शेलिंग के बीच सिर्फ़ छात्र-अध्यापक का संपर्क नहीं था। वैसे तो शेलिंग अपनी तुनकमिज़ाजी के लिए मशहूर थे, लेकिन अपने

9. F. Max Müller, Aus Meinem Leben. Gotha 1902, p. 128 f.

युवा छात्र की असाधारण प्रतिभा उन्होंने तुरंत पहचान ली थी। मैक्स म्युलर में उन्हें वेदांत और मायावाद की समस्याओं पर विचार-विमर्श के लिए एक सच्चा साथी मिला। ऐसे पांडुलिपियों के जर्मन अनुवाद के लिए भी वे मैक्स म्युलर के प्रति अत्यंत आभारी थे। इसके अलावा वरिष्ठ अध्यापक को अपने युवा छात्र की राय पूछने में भी संकोच नहीं रह गया था।

लाइपज़िग की तरह बर्लिन में भी मैक्स म्युलर नगर के बौद्धिक जीवन में घुलमिल गए। कवि थेओडोर फ़ोंटाने व उनके मित्रों की गोष्ठियों में वे नियमित रूप से जाते थे। प्रसिद्ध कवयित्री बेटिना फ़ॉन आर्निम बर्लिन में रहती थीं, और उनका घर साहित्यप्रेमियों का एक अड्डा था। यहाँ मैक्स म्युलर की मुलाक़ात अक्सर लाइपज़िग के अपने मित्रों से भी हो जाती थी। इनमें शामिल थीं मेंडेलसोन बार्थोल्डी की बहन फ़ानी हेन्सेल और उनके पति, जो उस समय के एक जाने-माने कलाकार थे। लाइपज़िग दौर के उनके मित्र थेओडोर फ़ोंटाने जो इस बीच बर्लिन में अनिवार्य सैनिक सेवा में थे। अपनी आत्मकथा में वे इन दिनों की याद करते हुए बताते हैं कि हालाँकि मैक्स म्युलर गरीबी में जी रहे थे, लेकिन उनके घर में हार्दिकता का माहौल था :

> *उस समय वे वैर्डर्श गिरजे के निकट ओबरवाल और रोज़ेनश्ट्रासे के कोने पर एक मोची के घर तीसरी मंज़िल के एक कमरे में रह रहे थे। सिर्फ़ अगर मोची का कारखाना न होता ! दिन भर चमड़ा पीटने की आवाज़, और अगर सामने का सुंदर दृश्य न होता, तो म्युलर बेशक धीरज खो बैठते। खिड़की के सामने सारे शहर का दृश्य था, ख़ासकर पेड़ों से सजे हुए पार्क के बीच राजा का महल, और उसके पीछे और बग़ल में राजकुमारी का महल। यह सुंदर दृश्य उन्हें ढाढस देता था, और वे बाक़ी मुसीबतें बर्दाश्त कर लेते थे।*[10]

अपने अध्ययन के साथ-साथ मैक्स म्युलर शहर के बौद्धिक व सांस्कृतिक जीवन में रम गए थे, लेकिन उन्हें साथ ही एक जटिल समस्या

---

10. Theodore Fontane, Von Zwanzig bis Dreissig. Leipzig 1968, p. 101

का सामना करना पड़ रहा था। उनकी उम्मीद के विपरीत देस्साउ के सामंत की ओर से दिया जाने वाला वज़ीफ़ा बंद हो गया था। माँ से भी मदद मिलने की संभावना नहीं थी, उनका पेंशन आधा हो चुका था। अंततः परिवार के एक पुराने वकील मित्र से उन्हें पचास थालर मिले। उन्होंने हिसाब लगाया कि 1844 के अंत तक के लिए उनके पास पर्याप्त धन है। लेकिन उसके बाद ? मैक्स म्युलर चिंतित थे कि कैसे अध्ययन और शोध जारी रखा जाए, लेकिन आर्थिक कठिनाइयों के बारे में वे अपनी माँ से नहीं कहना चाहते थे।

मैक्स म्युलर के परिणत शोधकार्यों पर बर्लिन विश्वविद्यालय व उसकी दर्शनशास्त्रीय परंपराओं का निर्णायक प्रभाव पड़ा। यहीं उन्होंने धार्मिक व मिथकीय बहुलता की संरचनात्मक विशेषताओं और उनके बीच अंतःसंबंधों को पहचानना सीखा। यहाँ तक कि बाद के उनके भाषाशास्त्रीय शोधकार्यों पर भी बर्लिन प्रवास के दौरान किए गए दर्शनशास्त्रीय अध्ययनों की छाप देखने को मिलती है।

इस सिलसिले में उनकी कुछ एक कृतियों का विशेष रूप से उल्लेख किया जा सकता है—ख़ासकर शब्द-संकेत और तात्पर्य, अमूर्त और सामान्य अभिव्यक्ति, चिंतन और भाषा, या तर्क और व्याकरण की परिभाषा पर उनके अध्ययन। इनमें स्पष्ट हो जाता है कि बोध, चिंतन, भाषा और यथार्थ के बीच अंतःसंबंधों के सिलसिले में मैक्स म्युलर किन धाराओं से प्रभावित थे। उनकी प्रेरणा के स्रोत थे कांट, हेगेल, फ़िष्टे, फ़ॉयरबाख़, और ख़ासकर बर्लिन के दर्शनशास्त्री व धर्मशास्त्री श्लायरमाखर, जिन्होंने भावनाओं को धर्म का मूलतत्त्व कहा था।

पेरिस–महानगर में जीवन संघर्ष

बर्लिन से विदाई अवश्यंभावी लग रही थी। लेकिन सिर्फ़ आर्थिक कारणों से ही वे बर्लिन छोड़ने के बारे में नहीं सोच रहे थे। बेशक बर्लिन विश्वविद्यालय की अपनी खूबियाँ थीं, बेशक बर्लिन की भारतशास्त्रीय परंपराओं से मैक्स म्युलर प्रभावित थे, जिनका असर लंबे समय तक जारी रहा–लेकिन युवा शोधकर्ता अपने शोध के लक्ष्य से भटकने के लिए तैयार नहीं थे। प्राचीन भारत के मिथकों के स्रोतों से दूर हटने का खतरा ज्यों ही सामने आता था, मैक्स म्युलर तुरंत उस क्षेत्र से हट जाते थे। बर्लिन से जो कुछ उन्हें प्राप्त हो सकता था, वे प्राप्त कर चुके थे–तुलनात्मक भाषाशास्त्र, दर्शनशास्त्र और अलग-अलग संस्कृतियों के मिथकों का तुलनात्मक अध्ययन। अब पेरिस उन्हें आकर्षित कर रहा था, जो उन दिनों भी विद्या का एक आकर्षक केंद्र माना जाता था। वहाँ संस्कृत के प्रसिद्ध शोधकर्ता ऑयजीन बुर्नुफ़ थे, और सबसे बड़ी बात थी प्राचीन भारतीय पांडुलिपियों का उनका विशाल भंडार। कोलेज़ दे फ़्रांस और पेरिस विश्वविद्यालय में प्राच्यविद्या के अध्ययन के आदर्श अवसर थे। मैक्स म्युलर की ज़ेब लगभग ख़ाली थी, लेकिन भारत के ख़ज़ाने का परिचय प्राप्त करने की ललक के साथ वे पेरिस रवाना हुए। र्‍यु रोयाले साँ ओनोरे 25 में उन्होंने एक कमरा लिया और शुरू हुआ मैक्स म्युलर का पेरिस का जीवन।

> *मार्च 1845 से जून 1846 तक पेरिस में प्रवास मेरे लिए एक अत्यंत प्रेरक विराम था। इसने मेरी चेतना को उन्मुक्त किया और मुझे एक नई दुनिया को पहचानना सिखाया, इस दौर ने मुझे दिखाया कि जर्मनी*

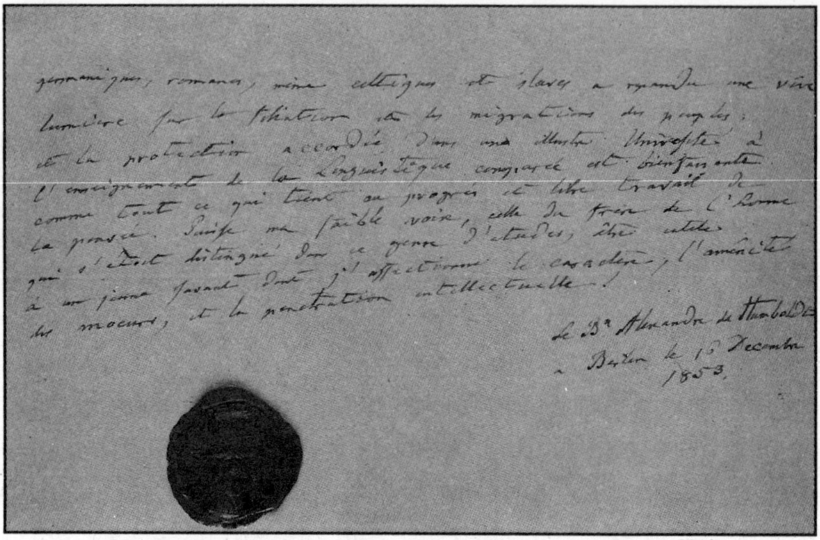
germaniques, romanes, même celtiques et slaves a répandu une vive lumière sur la filiation et les migrations des peuples; et la protection accordée dans une illustre Université à l'enseignement de la Linguistique comparée est bienfaisante comme tout ce qui tient au progrès et libre travail de la pensée. Puisse ma faible voix, celle du frère de l'homme qui s'étoit distingué dans ce genre d'études, être utile à un jeune savant dont j'affectionne le caractère, l'aménité des moeurs, et la pénétration intellectuelle!

Le Bn Alexandre de Humboldt
a Berlin le 16 Decembre
1853.

मैक्स म्युलर के लिए आलेक्ज़ांडर फ़ॉन हुम्बोल्ट का संस्तुति पत्र

से परे भी एक दुनिया है, हालाँकि जर्मनी और उसकी सामाजिक परिस्थिति के बारे में भी मेरी कोई बहुत अधिक जानकारी नहीं थी...[11]

चेतना का उन्मुक्त करना—बर्लिन छोड़कर पेरिस जाने के पीछे शायद यही सबसे बड़ा कारण था और जहाँ तक भारतशास्त्र के अध्ययन का सवाल है, इस सिलसिले में प्रोफ़ेसर बुर्नुफ़ का मार्गदर्शन निर्णायक रहा। अपनी आत्मकथा में मैक्स म्युलर लिखते हैं :

फिर एक बार बुर्नुफ़ के बारे में मैं कहना चाहूँगा कि उनके प्रति आभार व्यक्त करने के लिए मेरे पास शब्द नहीं हैं। मेरे विचारों को स्पष्ट करने व एक निश्चित दिशा में उन्हें प्रवाहित करने में उन्होंने महान योगदान दिया। वे कहा करते थे : सिर्फ़ एक बात संभव है। या

---

11. F. Max Müller, Aus Meinem Leben. Gotha 1902, p. 133

तो आप भारतीयं दर्शनशास्त्र का अध्ययन करें, और उपनिषदों और सायन पाठों का ज्ञान प्राप्त करें, या फिर आप भारतीय धर्मशास्त्र का अध्ययन करें, ऋग्वेद से जुड़ें और स्तोत्रों व सायन पाठों का श्रुतिलेख तैयार करें। इस प्रकार आप हमारे लिए अत्यंत उपयोगी बनेंगे। ऐसे महाकाव्य के सामने मेरे जैसे बौने का अत्यंत उपयोगी बनना, यह मुझे कुछ ज्यादा ही लगा। फिर भी बुर्नुफ़ के शब्दों से मेरी यह आकांक्षा बलवती होती गई, कि सिर्फ़ वेदों पर ही सारा ध्यान केंद्रित किया जाए। बुर्नुफ़ ने मुझे सिर्फ़ यही नहीं बताया कि पेरिस के पुस्तकालय में वेदों की कौन-सी हस्तलिखित पांडुलिपियाँ हैं, बल्कि उन्होंने मुझे अपने संग्रह की पांडुलिपियाँ भी दिखाईं और एक शर्त के साथ उन्हें ले जांने की अनुमति दी कि उनकी नक़ल उतारते समय मैं धूम्रपान न करूँ। वे खुद धूम्रपान नहीं करते थे और तंबाकू की महक बर्दाश्त नहीं कर पाते थे, और उन्होंने मुझे कुछ पांडुलिपियाँ दिखाईं और कहा कि उनके लिए वे मूल्यहीन हो चुकी हैं, क्योंकि उनमें से तंबाकू की महक आती है। ज़ाहिर है कि मैंने पूरी कोशिश की कि उनकी पवित्र निधि को कलंकित न किया जाए।[12]

पेरिस नगर में युवा मैक्स म्युलर बिल्कुल रम गए। बुर्नुफ़ की आदत थी अपनी शोध परियोजनाओं में छात्रों को शामिल करना। और मैक्स म्युलर इतनी मेहनत के साथ प्राचीन पांडुलिपियों के अनुवाद में जुट गए थे, कि शहर का परिचय लेने का समय ही नहीं बचता था। फिर भी वे पेरिस के महानगरीय चरित्र, समृद्ध नागरिकों की उदार जीवन शैली व ललित कला की बहुलता से अत्यंत प्रभावित हुए। इसके अलावा जर्मनी में जो संभव नहीं हुआ था, यहाँ उन्हें वह मौक़ा मिला : पहली बार वे भारत के लोगों से मिल सके। इनमें शामिल थे महान भारतीय कवि रवींद्रनाथ ठाकुर के दादा द्वारकानाथ ठाकुर। मैक्स म्युलर के मन में भारत की जो तस्वीर बनी, वह काफ़ी हद तक द्वारकानाथ के विचारों से रँगी थी। द्वारकानाथ ठाकुर उन समृद्ध भारतीय बुद्धिजीवियों में से थे, जो पश्चिमी संस्कृति के प्रति

12. F. Max Müller, Aus Meinem Leben. Gotha 1902, p. 146 f.

उन्मुक्त होने के साथ-साथ हमेशा अपने देश के सांस्कृतिक और बौद्धिक मूल्यों को पहचानने की ज़रूरत पर ज़ोर देते थे। एक ओर कूपमंडूक सामाजिक प्रवृत्तियों की आलोचना, तो उसी के साथ पश्चिम के उदारवादी विचारों को ग्रहण करने के बावजूद अन्य देशों की संस्कृतियों को धिक्कारने की औपनिवेशिक नीति पर निर्मम प्रहार—द्वारकानाथ के तर्कों के सामने ब्रितानी शासन के समर्थक ठहर नहीं पाते थे। इसी के साथ-साथ पेरिस का समाज उनकी विलासपूर्ण जीवन शैली से अत्यंत प्रभावित था। वे पेरिस के सबसे महँगे होटलों में रहते थे। यहाँ तक कि सम्राट लुई फ़िलिप ने भी उन्हें अपने दरबार में आमंत्रित किया था। उदारवादी राष्ट्रवादी द्वारकानाथ ठाकुर को जब पता चला कि मैक्स म्युलर वैदिक पाठों के संकलन में जुटे हुए हैं, तो उन्होंने तुरंत युवा शोधकर्ता से संपर्क स्थापित करने का प्रयास किया। दोनों की मुलाक़ात हुई, और द्वारकानाथ अपने प्रिय विषय की बहस पर उतर आए : संस्कृतियों की उपलब्धियों और परंपराओं का मूल्यांकन। संगीत के पारंगत द्वारकानाथ ख़ास कर इतालवी संगीतकारों से प्रभावित थे, और यूरोपीय संगीत के जानकार व खुद पिआनो वादक मैक्स म्युलर से मिलकर वे अत्यंत खुश हुए। मैक्स म्युलर चाहते थे कि गायक द्वारकानाथ कभी भारतीय संगीत के कुछ नमूने पेश करें, लेकिन द्वारकानाथ उनका अनुरोध टाल जाते थे। आख़िरकार जब उन्होंने एक बार मैक्स म्युलर का अनुरोध स्वीकार करते हुए शास्त्रीय गायन प्रस्तुत किया, तो मैक्स म्युलर ने ईमानदारी के साथ स्वीकार किया कि यह संगीत उनकी समझ में नहीं आया। द्वारकानाथ को मौक़ा मिल गया कि संस्कृतियों के तुलनात्मक मूल्यांकन पर अपने विचार व्यक्त किए जाएँ :

> *आपको उसी तरीक़े से हमारा संगीत समझने की कोशिश करनी चाहिए, जिस तरह हम आपका संगीत समझने की कोशिश करते हैं। फिर आप पाएँगे कि वहाँ भी उसी तरह सुर और ताल का समन्वय मौजूद है, जिस प्रकार कि आपके संगीत में। आप हमारे काव्यशास्त्र, हमारे धर्मशास्त्र और हमारे दर्शनशास्त्र का अध्ययन कीजिए, फिर आपको पता चलेगा कि हम बर्बर और नीच नहीं हैं, बल्कि आपको अप्राप्य*

का आभास मिलेगा, शायद उसे समझने की अंतर्दृष्टि भी मिलेगी।[13]

द्वारकानाथ को जल्द ही पता चल गया कि उनकी कोशिश सफल रही है। वे स्पष्ट करना चाहते थे कि औपनिवेशिक सत्ता का नैतिक श्रेष्ठता का दावा और अहंमन्यता सिर्फ़ भारत की जनता के लिए ही नहीं, बल्कि यूरोप के सांस्कृतिक और बौद्धिक विकास के लिए भी हानिकारक सिद्ध हो रहा है। मैक्स म्युलर उनके विचारों को निगल रहे थे, जो बाद में इंगलैंड में उनके काम आने वाला था।

बुर्नुफ़ के साथ काम करते हुए मैक्स म्युलर का आत्मविश्वास काफ़ी बढ़ चुका था। सायन द्वारा पंद्रहवीं शताब्दी में प्रस्तुत व्याख्या के साथ संपूर्ण ऋग्वेद का अनुवाद प्रस्तुत करने का विचार उनके मन में ठोस रूप लेने लगा था। मैक्स म्युलर महसूस कर रहे थे कि भाषाशास्त्री व व्याख्याकार के रूप में अपना कर्तव्य वे बखूबी निभा सकते हैं। वे अब पर्दे के पीछे छिपे प्राचीन भारत का परिचय पाना, सारे विश्व के सामने उसे प्रस्तुत करना चाहते थे। 1028 मंत्रों, 10580 ऋचाओं और 153,826 शब्दों के साथ चार वेदों में से प्राचीनतम ऋग्वेद भारत का प्राचीनतम ग्रंथ था, जो आर्यों के भारत में आगमन व उनके समाज, संस्कृति और विचारों का दर्पण था।

13. F. Max Müller, Indian Friends. Delhi 1982, p. 8

इंगलैंड–भारतशास्त्रियों का तत्कालीन स्वर्ग

जून 1846 में मैक्स म्युलर ने इंगलैंड जाने का निर्णय लिया। पेरिस का काम पूरा हो चुका था। लंदन के संस्कृत विद्वान प्रोफ़ेसर होरेस हेमैन विलसन ने उनसे वादा किया था कि वे पांडुलिपियाँ उपलब्ध कराएँगे। शोध सामग्री की विशाल मात्रा से प्रभावित मैक्स म्युलर ने प्रोफ़ेसर बुर्नुफ़ और अपनी माता को सूचित किया कि इनके अध्ययन के लिए उन्हें कम से कम पाँच साल तक इंगलैंड में रहना पड़ेगा। उन्हें पहले से ही पता था कि इंगलैंड में उन्हें आर्थिक कठिनाइयों का सामना करना पड़ेगा। अपनी ज़िद और भगवान पर भरोसे के साथ उन्होंने तय किया कि ट्यूशन करते हुए और संस्कृत पांडुलिपियों का अनुवाद कर जैसे-तैसे वे गुज़ारा कर लेंगे। लेकिन ऋग्वेद व अन्य दुर्लभ संस्कृत पांडुलिपियों के अनुवाद व प्रकाशन की महत्वाकांक्षी व खर्चीली परियोजना कैसे पूरी होगी ? आलेक्ज़ांडर फ़ॉन हुम्बोल्ट ने कोशिश की कि प्रशिया के सम्राट फ़्रीडरिष विल्हेल्म चतुर्थ से मदद ली जाए, लेकिन वे इसके लिए राज़ी नहीं हुए। मैक्स म्युलर को लग रहा था कि उनके पैरों के तले ज़मीन खिसकती जा रही है।

और तभी आशा की एक किरण दिखाई दी। प्रशिया के राजदूत बैरन क्रिस्टियान कार्ल योसियास बुनसेन मैक्स म्युलर के पिता के मित्र थे व पंडित के रूप में उनकी ख्याति थी। उनकी नज़र मैक्स म्युलर पर पड़ी। ब्रिटिश अभिजात समाज में सुपरिचित बुनसेन से भेंट अंततः मैक्स म्युलर के लिए जर्मनी से हमेशा के लिए विदा लेने की वजह बनी। यह किस्मत का ही खेल था कि 23 वर्षीय म्युलर और 54 वर्षीय राजनयिक व पंडित के बीच आजीवन मैत्री का दौर शुरू हुआ। अपनी युवावस्था में बुनसेन आध्यात्मिकता

का इतिहास लिखना चाहते थे। उन्हें पूरा विश्वास था कि वे वेदों का अध्ययन करेंगे, और भारत की परंपरा व आध्यात्मिकता का परिचय प्राप्त करेंगे। इसी उद्देश्य से वे भारत की यात्रा के लिए रवाना हुए थे। रास्ते में रोम में उनकी मुलाक़ात प्रशिया के तत्कालीन युवराज फ़्रीडरिष विल्हेल्म चतुर्थ से हुई, और दोनों मित्र बन गए। युवराज चाहते थे कि बुनसेन प्रशिया की राजनयिक सेवा में आएँ, और इस प्रकार भारत यात्रा का उनका सपना अधूरा ही रह गया। बहरहाल, राजनयिक के रूप में भी बुनसेन अपने विषय से जुड़े रहे, और धर्मशास्त्र व दर्शनशास्त्र पर उन्होंने महत्त्वपूर्ण निबंध लिखे।

लेकिन सबसे बड़ी बात कि बुनसेन ने मैक्स म्युलर की महत्वाकांक्षी योजना के लिए धन देने वाले की व्यवस्था की—ईस्ट इंडिया कंपनी। भारत के बढ़ते उपनिवेशीकरण की रोशनी में ब्रिटिश सरकार खुद वहाँ का राज सँभालना चाहती थी, ईस्ट इंडिया कंपनी को अपना औचित्य साबित करना पड़ रहा था, ऐसे में म्युलर की परियोजना के लिए मदद अकारण नहीं थी। 17वीं शताब्दी के आरंभ में दक्षिण भारत में अपनी पहली शाखाएँ खोलने के बाद से ही कंपनी भारत को गुलाम बनाने का मुख्य साधन थी। 1698 में उसे पहला चार्टर प्राप्त हुआ। 1813 में भारत में व्यापार का उसका एकाधिकार छीन लिया गया। इंगलैंड के उद्यम भारतीय रेशम व अन्य वस्त्रों के आयात से घरेलू उद्योग के लिए ख़तरा महसूस कर रहे थे। 1813 में ईस्ट इंडिया कंपनी को प्राप्त नया चार्टर अँग्रेज़ सरकार की नई आर्थिक रणनीति का परिणाम था। शुद्ध व्यापारिक लाभ के बदले इंगलैंड के आर्थिक व तकनीकी उत्थान को प्राथमिकता दी जा रही थी, जिसके तहत भारत को इंगलैंड के औद्योगिक उत्पादों का बाज़ार बनाया जाना था। भेदभाव से भरे सीमाशुल्क कानून के तहत भारत में ब्रिटिश माल लगभग बिना शुल्क के भेजे जा सकते थे, जबकि भारत से होने वाले आयात पर इंगलैंड में भारी कर लगाए जाते थे। उन्नीसवीं शताब्दी के आरंभ में इंगलैंड के सूती वस्त्र भारत में छा गए थे। इसके फलस्वरूप भारत का वस्त्र व्यवसाय समाप्तप्राय हो चुका था। 1833 में एक कानून बनाकर अँग्रेज़ों को भारत में ज़मीन ख़रीदने व फ़ार्म स्थापित करने की अनुमति दी गई। इंगलैंड के उपनिवेश के रूप में भारत की सिर्फ़ दो भूमिका रह गई थीं : इंगलैंड की औद्योगिक क्रांति के लिए चमड़ा, जूट और कपास जैसे कच्चे माल की आपूर्ति

करना और अपनी विशाल आबादी के ज़रिये इंगलैंड के उत्पादों के लिए बाज़ार की गारंटी देना।

ऐसे में मैक्स म्युलर को वज़ीफ़ा देकर ईस्ट इंडिया कंपनी दिखाना चाहती थी कि भारत की बौद्धिक परंपरा से उसका कितना लगाव है। लेकिन म्युलर अभी निश्चित नहीं हो पा रहे थे, क्योंकि ईस्ट इंडिया कंपनी के साथ बुनसेन के संपर्कों का कोई परिणाम सामने नहीं आया था। अंत में म्युलर के लिए परम आवश्यक समाचार आया : छपाई के अक्षरों में ऋग्वेद के हर पृष्ठ के अनुवाद के लिए चार पौंड न सिर्फ़ मैक्स म्युलर के लिए आर्थिक सुरक्षा का एक माध्यम था, बल्कि ऋग्वेद के अनुवाद व उसके प्रकाशन की गारंटी भी। 15 अप्रैल 1847 को अपनी माता के नाम एक पत्र में मैक्स म्युलर ने लिखा :

> *मुझे पता नहीं, मैं किस बात के लिए भगवान का ज्यादा आभारी हूँ, कि मुझे अंततः अपना वांछित लक्ष्य प्राप्त हो सका है या इसलिए कि बुनसेन जैसा एक सच्चा और असाधारण व्यक्ति मुझे मित्र के रूप में प्राप्त हुआ है।*[14]

---

14. Nirad Choudhary, Scholar Extraordinary, The Life of Professor The Rt. Hon. Friedrich Max Müller. P. C. London 1974, p. 61

दूसरी मातृभूमि ऑक्सफ़ोर्ड

पांडुलिपियों का प्रकाशन ऑक्सफ़ोर्ड में होना था, और साथ ही वहाँ का बोडलेयान पुस्तकालय सारे यूरोप में मशहूर था, इसलिए मैक्स म्युलर लंदन छोड़ ऑक्सफ़ोर्ड पहुँचे। अपने विश्वविद्यालय के लिए प्रसिद्ध इस नगर ने उन्हें अत्यंत प्रभावित किया।

> *मैंने यूरोप का सबसे रोचक और सबसे सुंदर शहर देखा है। पूरा शहर मध्ययुगीन है, और गिरजों, मठों, महलों व मीनारों से भरा हुआ है, और शहर का समूचा जीवन मध्य युग से रँगा है।*[15]

सालों तक बनजारे की तरह जीने के बाद ऑक्सफ़ोर्ड अब उन्हें सुरक्षा व सामाजिक और बौद्धिक प्रतिष्ठा देने वाला था। उन्हें जर्मन पांडित्य की उदारवादी परंपरा का एक युवा प्रतिनिधि माना जाता था, लोगों की उनमें काफ़ी दिलचस्पी थी। शहर के सामाजिक जीवन में मैक्स म्युलर जल्द ही घुलमिल गए। साथ ही पिआनोवादक के रूप में भी वे काफ़ी लोकप्रिय थे। लग रहा था कि इस शहर में उनका स्वागत है, कि उनके जीवन में एक मोड़ आया है और वे अब खुद अपनी ज़िंदगी को ढाल सकते हैं।

> *मेरे व्यावसायिक जीवन में सब कुछ सामान्य रूप से होता गया, मेरी कोशिशों की वजह से नहीं, बल्कि संयोग से या परिस्थितियों की वजह से, जिसे हम सिर्फ़ बाद में महसूस करते हैं।*[16]

---

15. Ibid., p. 61
16. Ibid., p. 67

पूरी मेहनत के साथ मैक्स म्युलर ऋग्वेद के अनुवाद में जुटे थे। ऑक्सफ़ोर्ड यूनिवर्सिटी प्रेस की योजना थी कि 1849 में उसका पहला खंड प्रकाशित किया जाए। उधर 1848 में जर्मनी में राजनीतिक अशांति के बादल छाए हुए थे। राजतंत्र के विरुद्ध क्रांति की आग भड़क उठी थी। जनता लोकतंत्र की माँग कर रही थी। म्युलर सोच में डूबे हुए थे कि क्या ऐसे समय में उनका ऑक्सफ़ोर्ड में रहना ठीक होगा। ड्रेस्डेन के क्षेत्र में अशांति की खबर पाकर वे अपनी माँ के लिए चिंतित हो उठे।

> *अगर जर्मनी की यह हालत जारी रहती है, तो मैं तुम्हें वहाँ बेसहारा नहीं छोड़ सकता। मैं सचमुच सोच रहा हूँ कि यहाँ का काम छोड़कर तुम्हारे पास आ जाऊँ। एक ऐसे समय में बाक़ी सभी बातें भुला देनी पड़ती हैं, सभी दूसरी योजनाएँ त्यागनी पड़ती हैं।*[17]

मैक्स म्युलर को और एक समस्या का सामना करना पड़ रहा था। हालाँकि शुरू में ईस्ट इंडिया कंपनी के साथ हुई व्यवस्था अत्यंत आकर्षक लग रही थी, लेकिन जल्द ही वे महसूस करने लगे कि नगर के विद्वत् समाज में उन्हें प्रवेश नहीं मिल रहा है—उसके लिए नगर के प्रसिद्ध विश्वविद्यालय में प्राध्यापक का पद आवश्यक है। साथ ही उन्होंने पाया कि ऑक्सफ़ोर्ड काफ़ी महँगा शहर है।

> *मुझे यहाँ कोई दूसरा काम ढूँढ़ना पड़ेगा, क्योंकि सिर्फ़ संस्कृत के सहारे जीना संभव नहीं है।*[18]

दूर से वे जर्मनी की अशांत राजनीतिक तस्वीर देख रहे थे, लेकिन वे लाचार थे—कुछ कर सकने की स्थिति में नहीं थे। अक्तूबर 1849 में उन्होंने जर्मनी की यात्रा की, और वे ड्रेस्डेन, लाइपज़िग और बर्लिन गए। फिर से उनकी मुलाक़ात आलेक्ज़ांडर फ़ॉन हुम्बोल्ट के साथ हुई। साथ ही हमेशा के लिए स्वदेश वापस लौटने के लिए उन्होंने कोशिश की कि बॉन विश्वविद्यालय में संस्कृत के प्रोफ़ेसर लास्सेन की मदद ली जाए। वे चुपचाप

---

17. Ibid., p. 105
18. Ibid., p. 105

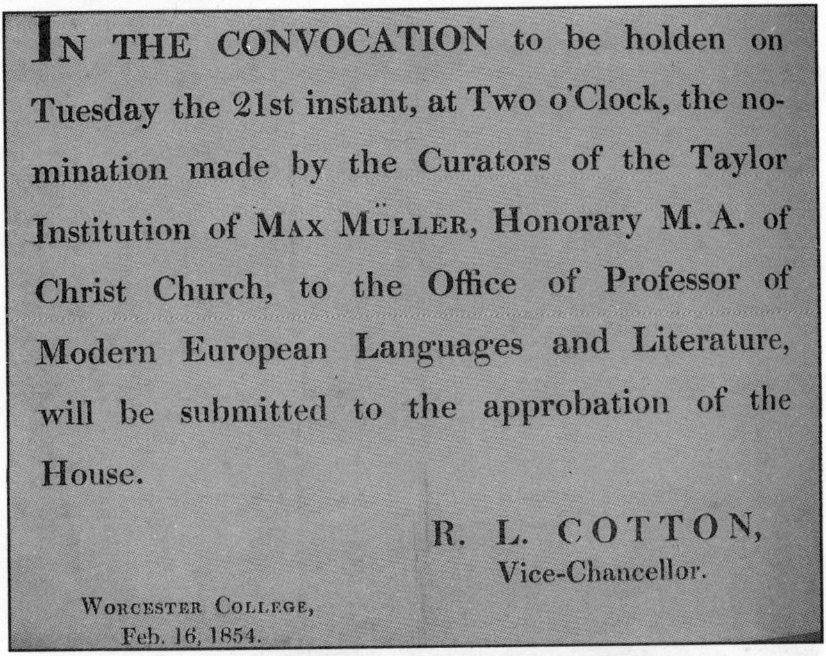

IN THE CONVOCATION to be holden on Tuesday the 21st instant, at Two o'Clock, the nomination made by the Curators of the Taylor Institution of MAX MÜLLER, Honorary M. A. of Christ Church, to the Office of Professor of Modern European Languages and Literature, will be submitted to the approbation of the House.

R. L. COTTON,
Vice-Chancellor.

WORCESTER COLLEGE,
Feb. 16, 1854.

मैक्स म्युलर ऑक्सफ़ोर्ड विश्वविद्यालय के प्रोफ़ेसर

इंगलैंड छोड़कर फिर जर्मनी आने की तैयारी कर रहे थे। पर इंगलैंड में उनके लिए धन की व्यवस्था करने वालों को इसका पता चल गया। ऑक्सफ़ोर्ड विश्वविद्यालय में भारतविद्या के संस्थापक प्रोफ़ेसर होरेस हेमैन विलसन ईस्ट इंडिया कंपनी की ओर से मैक्स म्युलर का काम देख रहे थे। जब उन्हें पता चला कि मैक्स म्युलर जर्मनी में रह जाना चाहते हैं तो वे बहुत नाराज़ हुए, और पत्र भेजकर उन्होंने मैक्स म्युलर को तुरंत इंगलैंड लौटने के लिए कहा। मैक्स म्युलर की अंतरात्मा जर्मनी के लिए चीख रही थी। लेकिन मन ही मन वे समझते जा रहे थे कि अतीत के जीवन में लौटना अब उनके लिए संभव नहीं रह गया है।

जर्मनी के अतीत से अपने गहरे प्यार और उसके भविष्य में असीम

40 वर्ष की आयु में मैक्स म्युलर

आस्था के बावजूद मैं इस समय जर्मन धरती से कहीं ज्यादा इंगलैंड की धरती से जुड़ चुका हूँ।[19]

मातृभूमि से प्यार की तड़प और उस देश में अपना बौद्धिक कर्तव्य निभाते रहना, जहाँ भारत विद्या के क्षेत्र में शोधकार्य के सर्वोत्तम अवसर

19. Ibid., p. 106

मौजूद हों—अगले पचास सालों तक मैक्स म्युलर का जीवन इन दोनों के बीच डोलता रहा। ऑक्सफ़ोर्ड लौटने के बाद वे न सिर्फ़ क्लासिकीय भाषाशास्त्र के नियमों के अनुसार ऋग्वेद के प्रकाशन के लिए काम करते रहे, बल्कि उन्होंने नए क्षेत्र भी ढूँढ़े। तुलनात्मक धर्मशास्त्र, तुलनात्मक भाषाशास्त्र और मिथकों के तुलनात्मक अध्ययन के क्षेत्र में विशेषज्ञ के रूप में भी ऑक्सफ़ोर्ड में उन्हें प्रसिद्धि मिली। 1850 में 27 वर्ष की आयु में उन्हें ऑक्सफ़ोर्ड विश्वविद्यालय में सहायक प्रोफ़ेसर का पद मिला। ऑक्सफ़ोर्ड में जैसे-जैसे उन्हें अवसर और सम्मान मिलता जा रहा था, अपने देश के लिए उनकी तड़प बढ़ती जा रही थी।

> *अगर कोई भी अनुकूल परिस्थिति पैदा होती है, फिर मैं एक साधारण से जर्मन माहौल के बदले ऑक्सफ़ोर्ड का आरामदेह जीवन त्यागने को तैयार रहूँगा...अगर मुझे चुनने का मौक़ा मिले, तो मैं देस्साउ में बग़ीचों के बीच अपने दादा के उस छोटे से घर में रहना चाहूँगा जहाँ मैं एक-एक पेड़ को पहचानता हूँ।*[20]

चार साल बाद मैक्स म्युलर को ऑक्सफ़ोर्ड विश्वविद्यालय में आधुनिक यूरोपीय भाषाओं के प्रोफ़ेसर के पद पर नियुक्त किया गया। इसका अर्थ सिर्फ़ शैक्षणिक जगत् में सम्मान ही नहीं, बल्कि 500 पौंड की अतिरिक्त वार्षिक आय भी था। 1857 में उन्हें मास्टर ऑफ़ आर्ट्स की सम्मानित उपाधि प्रदान की गई, और एक वर्ष बाद वे ऑल सोल्स कॉलेज के आजीवन सम्मानित सदस्य चुने गए। दूसरी ओर, पूरी मेहनत के साथ वे ऋग्वेद के अनुवाद और संपादन में जुटे थे। लेकिन वे महसूस कर रहे थे कि उनका बौद्धिक जीवन दो पटरियों पर चल रहा है। एक ओर वे समझते थे कि उनका जीवन प्राचीन भारत की भाषाओं, उसके इतिहास, साहित्य, धर्म और दर्शन शास्त्र को निवेदित है, तो दूसरी ओर प्रोफ़ेसर के रूप में उन्हें आधुनिक यूरोपीय भाषाओं के इतिहास का अध्ययन करना था।

1860 में ऑक्सफ़ोर्ड में भारतविद्या के संस्थापक प्रोफ़ेसर विलसन की मृत्यु के बाद संस्कृत के बोडेन प्रोफ़ेसर के पद पर उनके उत्तराधिकारी के

---

20. Ibid., p. 109 f.

रूप में मैक्स म्युलर को अत्यंत संभावित प्रत्याशी माना जा रहा था। ईस्ट इंडिया कंपनी के अधीन काम करते हुए कर्नल जोसेफ़ बोडेन ने बंबई में काफ़ी धन कमाया था, और अवकाश ग्रहण करने के बाद उन्होंने संस्कृत के शोध के लिए ऑक्सफ़ोर्ड विश्वविद्यालय को 25 हज़ार पौंड दिए, जिसकी मदद से Boden Chair of Sanskrit की स्थापना की गई थी। बोडेन सिर्फ़ संस्कृत के प्रेमी नहीं थे, एक निष्ठावान ईसाई के रूप में वे चाहते थे कि संस्कृत में बाइबिल का अनुवाद करते हुए भारत में ईसाई मिशनरियों का काम सरल बनाया जाए। लेकिन 28 वर्षों तक इस संस्थान में काम करते हुए विलसन ने इसे भारतविद्या के एक केंद्र के रूप में विकसित किया था। मैक्स म्युलर के लिए अब एक अप्रत्याशित अवसर था कि जीवन के मूल ध्येय को विश्वविद्यालय के अपने शैक्षणिक जीवन के साथ जोड़ा जाए। लेकिन विश्वविद्यालय ने उनके प्रतिस्पर्धी मोनियेर विलियम्स को चुना।

एक संदिग्ध उदारवादी

भारतविद्या के प्रोफ़ेसर के रूप में मैक्स म्युलर को ठुकराने का एक कारण शायद यह था कि वे जर्मन थे और साथ ही बैरन फ़ॉन बुनसेन के मित्र थे, जिन्हें इंगलैंड के अनुदारवादी गिरजे से जुड़े तबक़ों में एक ख़तरनाक उदारवादी माना जाता था। ऑक्सफ़ोर्ड के ऐंग्लिकन गिरजे के अनुदारवादियों के साथ मैक्स म्युलर के भी विवाद शुरू हो चुके थे। अनुदारवादियों में सबसे प्रमुख थे एडवर्ड बुवेरी पुसी, जो विश्वविद्यालय के शैक्षणिक जीवन को गिरजे के प्रभाव से मुक्त रखने के प्रबल विरोधी थे। यह उनके लिए अकल्पनीय था कि हिंदू धर्म जैसे एक गैर-ईसाई धर्म के अनुयायियों को भी मुक्ति मिल सकती है। उनकी राय में मुक्ति सिर्फ़ ईसाइयों को ही मिल सकती थी। म्युलर बड़े चाव से उनके साथ बहस किया करते थे। प्राचीन भारतीय चिंतन की खोज के लिए उनके प्रयासों को पुसी अत्यंत संदेह की दृष्टि से देखते थे। जब सारे तर्क ख़त्म हो जाते थे, तो अंत में बड़ी उदारता के साथ पुसी कहते थे : आप तो ऐसा कहेंगे ही। आख़िरकार आप जर्मन हैं। दूसरी ओर मैक्स म्युलर इसे अपना सौभाग्य समझते थे कि विश्वविद्यालय, गिरजे और सरकारी महकमों के कई प्रभावशाली उदारवादी उनके मित्रों में से थे। वे लिखते हैं : *ऐसा सोचना ग़लत न होगा कि एकांत बातचीत के दौरान कभी-कभी मैंने उन्हें प्रभावित किया, हाँ, शायद दूसरी पाँत के कुछ लोगों को मैंने हथियारों से लैस किया, बाद में वे प्रभावशाली ढंग से जिनका इस्तेमाल कर सके।*[21]

---

21. F. Max Müller, Aus meinem Leben. Gotha 1902, p. 259

जर्मन मैक्स म्युलर को पता था कि कैसे वे अपने प्रभाव का इस्तेमाल कर सकते हैं। सामने आने के बदले दूसरी पाँत में रहकर वे पहली पाँत के लोगों से संपर्क बनाए रखते थे और उन्हें अपनी बातों से प्रभावित करने की कोशिश करते थे। उन्हें पता था कि खुले आम उदारवारियों का समर्थन करना उनके लिए महँगा पड़ सकता है, और विरोधी तुरंत कह सकते हैं कि इस जर्मन को अँग्रेज़ों का क़ायदा कानून पता नहीं है। अपने लाइपज़िग के दिनों से ही मंच पर बोलने के आदी व जर्मनी के सांस्कृतिक व बौद्धिक तबक़ों में सुपरिचित मैक्स म्युलर के लिए इंगलैंड में यह संयम आसान नहीं था।

मैक्स म्युलर की योजना के अनुसार प्राच्य की पवित्र पुस्तकों के संग्रह में 50 खंड होने थे। इनमें से 31 खंड भारतीय शास्त्रों को समर्पित थे। अन्य हिंदू, बौद्ध, पारसी, इस्लामी व चीनी शास्त्रों के लिए जर्मन व अन्य विश्वविद्यालयों के विशेषज्ञों को इस परियोजना में शामिल किया गया था। मैक्स म्युलर का प्रस्ताव था कि प्राच्य की पवित्र पुस्तकों की इस शृंखला में ओल्ड और न्यु टेस्टामेंट को भी शामिल किया जाए। ज़ाहिर है कि उनके इस प्रस्ताव से ईसाई अनुदारवादियों के बीच खलबली मच गई। कैसे ईसाइयों की पवित्र पुस्तकों को ऋग्वेद या कुरान के बराबर रखा जाए। विवाद से बचने के लिए मैक्स म्युलर को अपना प्रस्ताव वापस लेना पड़ा। हालाँकि वे सिर्फ़ यही चाहते थे कि धर्मशास्त्रों के तुलनात्मक अध्ययन के लिए एक आधार तैयार किया जाए। ईसाई धर्म के मूल सिद्धांतों के प्रति उनकी निष्ठा संदेह से परे थी। 1885 में इस सिलसिले में ऑक्सफ़ोर्ड के रेवरेंड कॉक्स के नाम एक पत्र में वे लिखते हैं :

> *अन्य पवित्र पुस्तकों की अपेक्षा ओल्ड टेस्टामेंट का एक कहीं ऊँचा नैतिक स्तर है, तुलना करने से उसमें कोई आँच नहीं आती है। मैं हमेशा इस बात पर ज़ोर देता रहा हूँ, लेकिन लोग मानते नहीं हैं। इसके बावजूद ओल्ड टेस्टामेंट के वास्तविक ऐतिहासिक और मानवीय चरित्र को प्रदर्शित करने का हर प्रयास उपयोगी है, और इससे उसके चरित्र को कोई नुकसान नहीं पहुँचता।*[22]

---

22. Life and Letters of the Right Honourable Friedrich Max Müller. 2. Bd., London, New York and Bombay 1902, p. 172

मैक्स म्युलर जर्मनी के इतिहासकारों की उदारवादी प्रवृत्ति से प्रभावित थे। वे आलोचनात्मक इतिहासकारों की कसौटी पर ईसाई धर्म के प्रारंभिक इतिहास को परखने की कोशिश कर रहे थे। वे इस धारणा पर प्रश्नचिह्न लगा रहे थे कि पवित्र पुस्तकों में कथित बातें ईश्वर द्वारा कही गई हैं, और उन्हें ऐतिहासिक सत्य के रूप में स्वीकार करना पड़ेगा। अपनी भूमिका में जब उन्होंने ऋग्वेद के लिए दैववाणी शब्द का प्रयोग किया, तो उनके मित्र बुनसेन ने उन्हें सावधान करते हुए कहा : ऑक्सफ़ोर्ड में ऐसी बातें कभी मत कीजिए। मैक्स म्युलर के लिए ईसाइयत एक ऐतिहासिक घटना थी।

> *जल्द ही मुझे पक्का विश्वास हो गया कि ओल्ड और न्यु टेस्टामेंट ऐतिहासिक पुस्तकें है और इसके अनुरूप अन्य प्राचीन पुस्तकों, ख़ास कर प्राच्य की प्राचीन पुस्तकों की तरह आलोचना के सामान्य मापदंडों के आधार पर उनका मूल्यांकन करना पड़ेगा।*[23]

एक ओर ऑक्सफ़ोर्ड की परंपराओं व धर्मशास्त्र की परिपाटियों, और दूसरी ओर वैज्ञानिक के रूप में अपनी उदारवादी चिंतन शैली के बीच सामंजस्य स्थापित करने में मैक्स म्युलर के मित्रों ने उनकी काफ़ी मदद की। जर्मन होना किसी हद तक उनका एक कवच था, क्योंकि जर्मन बौद्धिक और धार्मिक जगत् के प्रभाव को उनकी सारी ग़लतियों का स्रोत मान लिया जाता था—ख़ास कर तुलनात्मक धर्मशास्त्र की उनकी विधि के संदर्भ में। माना जाता था कि आख़िरकार वे इंगलैंड की परंपराओं में नहीं पले हैं, इसलिए उनका दृष्टिकोण अलग हो सकता है।

> *जर्मन धर्मशास्त्र के बारे में इस तरीक़े से बात की जाती थी, मानो कि वह एक निषिद्ध फल हो—जिसे देखना नहीं है, छूना नहीं है, खाने की तो बात दूर है।*[24]

व्यक्तिगत जीवन में भी मैक्स म्युलर को ऐसे संदेह के वातावरण में जीना पड़ रहा था। भावी पत्नी जॉर्जिना ग्रेनफ़ेल उन दिनों उनकी मँगेतर थीं,

---

23. F. Max Müller, Aus meinem Leben. Gotha 1902, p. 236

24. Ibid., p. 244

और उन्हें बताया गया कि यह जर्मन तो नास्तिक है। जॉर्जिना निष्ठावान आस्तिक थीं, और मैक्स म्युलर को कई पत्रों के ज़रिये समझाना पड़ा कि उनके धार्मिक विचारों का नास्तिकता से कोई लेना-देना नहीं है। शायद यही कारण है कि अपनी आत्मकथा के अंत में जब वे जीवन के अनुभवों का निचोड़ निकालते हैं, तो वे उस देश का ज़िक्र नहीं करते, जहाँ उन्होंने अपना सारा काम किया, जहाँ उनके जीवन के पचास साल बीते।

> *जन्मभूमि जर्मनी के बाद, जो मेरी युवावस्था में खुद युवा और आदर्शों से भरा था, भारत और भारतीय चिंतन ने मुझे सबसे अधिक प्रभावित किया।*[25]

25. Ibid., p. 259

पूर्वाग्रह से मुक्त दृष्टि

विभिन्न धर्मों के बीच तुलना, उनको एक प्रणाली के अधीन व्यवस्थित करने और उनके विकास के मार्ग के बीच संबंध स्थापित करने की पहली वैज्ञानिक कोशिशें विवादास्पद रही हैं। लेकिन तुलनात्मक धर्मशास्त्र को एक स्वतंत्र विषय के रूप में प्रतिष्ठित करने की मैक्स म्युलर की कोशिश एक बिल्कुल नई बात थी। लेकिन तुलनात्मक भाषाशास्त्री की सफलता के कारण वे आशावादी थे, और उसे प्रचलित करने वालों को भी परंपरावादी वैज्ञानिकों के प्रतिरोध का सामना करना पड़ा था। उनका विश्वास था कि मुक्त व निष्कपट वाद-विवाद से दूर रहकर शोध के विषय के प्रति श्रद्धा नहीं व्यक्त की जा सकती, बल्कि आदर के साथ उनका निडर परीक्षण ज़रूरी है।

तुलनात्मक धर्मशास्त्र की भूमिका चार व्याख्यान (श्ट्रासबुर्ग, 1874) नामक अपनी पुस्तक में उन्होंने यह अवधारणा विकसित की कि धर्मों के उद्‌गम और तत्त्व के अध्ययन के क्षेत्र में भाषाओं के समानान्तर धर्मों का वर्गीकरण संभव है। उन्होंने धर्मों के तीन वर्गों का उल्लेख किया : आर्य परिवार, जिसके अंतर्गत उन्होंने वैदिक धर्म, जेंदावेस्ता पर आधारित पारसी धर्म और बौद्ध धर्म को रखा, सेमिटिक परिवार के अंतर्गत ओल्ड टेस्टामेंट पर आधारित यहूदी धर्म, न्यु टेस्टामेंट पर आधारित ईसाई धर्म और कुरान पर आधारित इस्लाम था, और तुरान परिवार, जिसकी उत्तरी शाखा में चीनी धर्म और दक्षिणी शाखा में अन्य के अलावा द्रविड़ क्षेत्र आते थे। मैक्स म्युलर का विचार था कि इन धर्मों के अध्ययन व उनके बीच तुलना के ज़रिये सैद्धांतिक धर्मशास्त्र की सीमाओं से उबरा जा सकता है और हर धर्म के विकास की परिस्थितियों को समझा जा सकता है।

धर्मों के विकास के विभिन्न पर्वों को ध्यान में रखते हुए वे *भौतिक, मानव शास्त्रीय और मनोवैज्ञानिक* धर्म के बीच अंतर की व्याख्या करते हैं। भौतिक धर्म अनंत और अव्यक्त के आविष्कार की कोशिश करता है, ख़ास कर आदिम समाज में प्राकृतिक घटनाओं के कारण जिनका सामना करना पड़ता था। मानव शास्त्रीय धर्म मानव अस्तित्व के यथार्थ के संदर्भ में अनंत की व्याख्या की कोशिश करता है। मनोवैज्ञानिक धर्म का आधार है मानव के अंदर छिपे हुए तत्त्व को बोध और चिंतन के कारक के रूप में समझना। उन्हें विश्वास था कि प्राकृतिक घटनाओं के पर्यवेक्षण व उनके तत्त्वों और कारणों को समझने के संदर्भ में ज्ञान के अभाव के कारण ही ऐसी घटनाओं को दैवी समझा गया। वे इसे स्पष्ट करना ज़रूरी समझते थे कि कैसे एक देश में आकाश के देवता को और दूसरे देश में तूफ़ान के देवता को सर्वशक्तिमान समझा गया और कैसे उसके भक्तों की चेतना में धीरे-धीरे उसके भौतिक और मिथकीय गुण स्पष्ट होते गए। मैक्स म्युलर के विचार में भगवान में आस्था का विकास अनंत के सर्वोच्च आदर्श, सारे विश्व के पिता, सर्जक, रक्षक और शासक की मानवीय कल्पना के अप्रतिरोध्य विकास का परिणाम है। भारत पर अपने शोध में वे सूर्य और आग की समझ से अग्नि की दार्शनिक अवधारणा तक इस विकास को प्रदर्शित करते हैं, जहाँ अग्नि विश्व का सर्जक, निर्देशक और न्यायकर्ता बन जाता है।

तुलनात्मक धर्मशास्त्र से अपनी अपेक्षाओं को मैक्स म्युलर 19 फ़रवरी 1870 को दिए गए एक भाषण में व्यक्त करते हैं : *जो सिर्फ़ एक को जानता है, किसी को नहीं जानता।* लगभग गोएठे द्वारा कहे गए वाक्य : *जो पराई भाषाएँ नहीं जानता, उसे अपनी भाषा का भी ज्ञान नहीं।* इन शब्दों में अपने असाधारण ज्ञान को प्रदर्शित कर रहे एक प्रतिभाशाली भाषाशास्त्री का अभिमान नहीं छिपा है। बल्कि वे यहाँ तुलनात्मक भाषाशास्त्र के क्षेत्र में किए गए एक सफल प्रयोग की ओर संकेत करना चाहते थे, उनके विचार में तुलनात्मक धर्मशास्त्र के क्षेत्र में भी जिसका उपयोग किया जा सकता था। म्युलर मौलिक स्रोतों के भाषाशास्त्रीय शोध को अत्यंत महत्त्वपूर्ण मानते थे; और इसीलिए हिंदू धर्म के संदर्भ में ऋग्वेद उनका विषय था। इसका कारण यह था कि वे धार्मिक इतिहास की उन्नीसवीं शताब्दी के अंत तक प्रचलित मानवतावादी प्रोटेस्टेंट अवधारणा के समर्थक थे, जिसके

अनुसार हर धर्म के इतिहास में समय के साथ-साथ मूल स्रोत विकृत और विक्षिप्त होकर अपनी मूल पवित्रता खो बैठे। उन्हें विश्वास था कि मूल पाठों के अनुसंधान से एक मूल धर्म के तत्त्व और संरचना के बारे में जानकारी मिल सकती है। इसके अलावा मूल तत्त्वों के साथ तुलना के ज़रिये बाद में आए विकारों के बारे में भी पता चल सकता है। भाषा के क्षेत्र में अपनी असाधारण प्रतिभा के साथ वे वेदों के अविकृत मूल रूप को प्राप्त करना चाहते थे।

> *एक प्राचीन नगर के नए आविष्कृत अवशेषों की तरह, पंडितों की अदम्य कोशिश रहती है, कि प्राचीन स्मारकों में से जो कुछ भी बचाया जा सकता है बचाया जाए, उसे खोद कर निकाला जाए और सबके सामने लाया जाए, धर्म शास्त्र और व्याकरण की व्याख्याओं की धूल हटाई जाए और आर्यों के प्राचीनतम कवियों के विचारों, उनकी भावनाओं और उनके सच्चे जीवन को स्पष्ट रूप से हमारे सामने प्रस्तुत किया जाए।*[26]

जर्मन भाषाशास्त्री फ़्रीडरिष श्लेगेल और फ़्रान्त्ज़ बॉप्प ने पहली बार युरोपीय भाषाओं के साथ संस्कृत के संबंधों की ओर ध्यान आकर्षित किया था, और उन्होंने इस संदर्भ में *इंडोजर्मन* या *इंडोयुरोपीय* शब्दों का प्रयोग किया था। म्युलर की तरह उन्हें भी विश्वास था कि एक मूल भाषा से बाद में शाखा-प्रशाखा की तरह विभिन्न भाषाएँ विकसित हुईं। लेकिन सरलीकरण की प्रवृत्ति के साथ मैक्स म्युलर ने इन दो शब्दों की जगह *आर्य* शब्द का प्रयोग किया, जो अवश्य ही विवादास्पद था। वेदों में *आर्य* शब्द का प्रयोग उनके लिए किया गया है, दासों के विपरीत वेदों में वर्णित देवताओं में जिनकी आस्था है। बाद में संस्कृत में इस शब्द का प्रयोग उनके लिए किया जाने लगा, जो श्रेष्ठ परिवारों के हैं। अपने बचाव में म्युलर का कहना था कि उन्होंने एक *तकनीकी* शब्द के रूप में आर्य शब्द का प्रयोग किया है। लेकिन इस तरह उन्होंने 1500 ई. पू. में भारत आने वाली जातियों

---

26. Max Müller Über die einheimischen Bearbeitungen des Rigveda, in Essays, 2. Bd., Leipzig 1881, p. 376

के साथ एक काल्पनिक इंडोयुरोपीय मूल जाति के बीच समानता का संकेत किया। भाषाओं के बीच समानता से प्रभावित होकर उन्होंने भाषाई और जातीय समूहों के बीच समान मूल की अवधारणा प्रस्तुत की। विश्व के जातीय और भाषाई विकास को—*आर्य, सेमेटिक* और *तुरानी*—इन तीन वर्गों में सीमित रखना भी कम विवादास्पद नहीं था। इससे इतिहास की एक ऐसी अवधारणा बनती थी, जिसके अनुसार आधिपत्य के लिए युद्ध ही इतिहास का मूल तत्त्व है और आधिपत्य आर्यों का भवितव्य है। म्युलर को जल्द ही पता चल गया कि इतिहास के ऐसे सरलीकरण में कौन से ख़तरे निहित हैं। पीछे हटते हुए उन्होंने भाषाओं और विभिन्न जातियों के वर्गीकरण के बीच अंतर को स्पष्ट किया।

विज्ञान का भाषा में आर्य शब्द नस्ल के लिए बिल्कुल अप्रयोज्य है।[27]

आज की दृष्टि से या शायद उस समय भी मैक्स म्युलर के अनेक विचार प्रासंगिक नहीं थे, और इस संदर्भ में धर्मों और भाषाओं के विकास के बीच समानता की उनकी अवधारणा का उल्लेख किया जा सकता है। लेकिन धर्मों और भाषाओं के क्षेत्र में शोध की एक सामान्य विधि तैयार करने की उनकी कोशिश विज्ञान की एक नई शाखा *तुलनात्मक धर्मशास्त्र* के विकास के लिए महत्त्वपूर्ण था। इस नए विषय को अनेक पूर्वाग्रहों का सामना करना पड़ा। उस समय मानवजाति के आदि इतिहास के बारे में स्पष्ट अवधारणाएँ नहीं थीं। आमतौर पर ईश्वर द्वारा निर्मित एक पितृ प्रधान विश्व की धारणा प्रचलित थी। गैर-ईसाई धर्मों की परंपराओं और परिपाटियों को धार्मिक आस्था की विकृति के रूप में देखा जाता था। मैक्स म्युलर ऐसे विचारों के प्रबल विरोधी थे।

27. Max Müller, Biographies of Words and the Home of the Vedas. London 1905, p. 90

जॉर्जिना से प्रेम और विवाह

मैक्स म्युलर निराश तो थे कि उन्हें भारतविद्या के प्रोफ़ेसर का पद नहीं मिला, लेकिन वे पूरे उत्साह के साथ अपने काम में जुटे हुए थे। 1868 में उन्हें तुलनात्मक भाषाशास्त्र का प्रोफ़ेसर बनाया गया था। यह पद दरअसल मुआवज़े के रूप में उनके लिए तैयार किया गया था। समय के साथ-साथ वे महसूस कर रहे थे कि ऑक्सफ़ोर्ड उनका घर बनता जा रहा है।

और इसमें प्रेम की एक महत्त्वपूर्ण भूमिका थी। 19 वर्ष की युवती जॉर्जिना ग्रेनफ़ेल एक बैंकर और ख़ान मालिक की बेटी थी। नवंबर 1853 में दोनों की भेंट हुई और पहली मुलाक़ात में ही दोनों दिल दे बैठे। मैक्स म्युलर के बारे में जॉर्जिना लिखती है :

> *उनके बाल घने काले थे, दोनों तरफ़ क़ायदे से सँवारे हुए, सुंदर चमकीली आँखें, चमकता हुआ जीवंत चेहरा, और समझना मुश्किल था कि ऐसे एक नवयुवक को इतनी प्रसिद्धि मिल चुकी है।*[28]

और जॉर्जिना के बारे में मैक्स म्युलर :

> *पहली बार तुम्हें देखते ही मुझे तुमसे प्यार हो गया था। कहीं भी तुम रहो, मेरा दिल हमेशा तुमसे जुड़ा रहेगा।*[29]

पहली मुलाक़ात के दौरान जॉर्जिना और मैक्स म्युलर को पता नहीं

---

28. Nirad C. Chaudhary, Scholar Extraordinary, The Life of Professor The Rt. Hon. Friendrich Max Müller, P.C. London 1974, p. 112
29. Ibid., p. 112

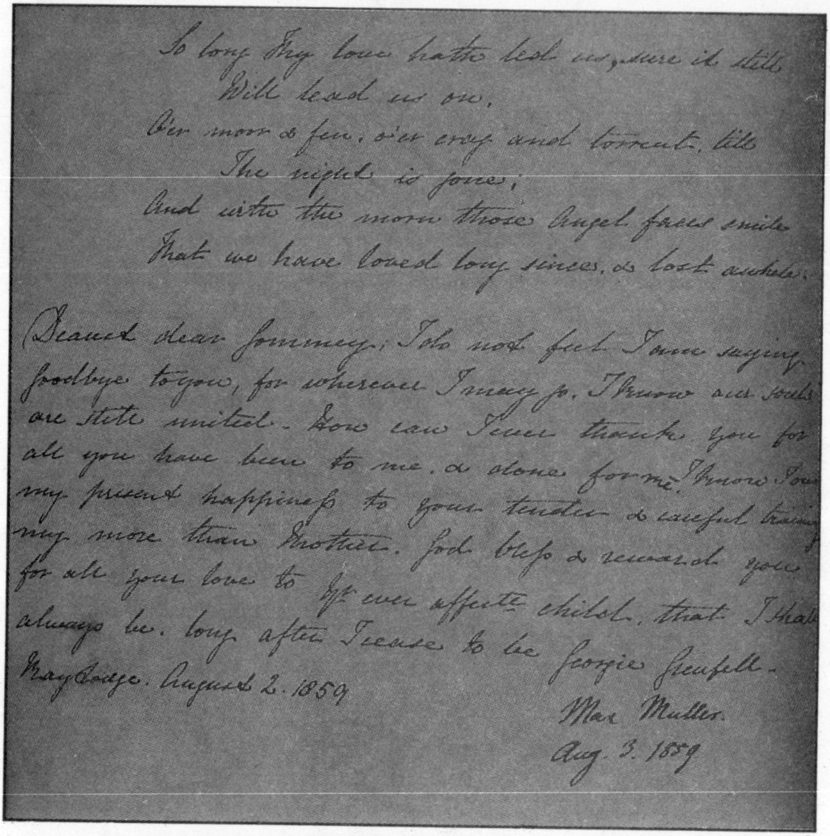
So long thy love hath led us, sure it still
Will lead us on,
O'er moor & fen, o'er crag and torrent, till
The night is gone;
And with the morn those Angel faces smile
That we have loved long since, & lost awhile.

Dearest dear Jommey. I do not feel I am saying goodbye to you, for wherever I may go, I know our souls are still united. How can I ever thank you for all you have been to me, & done for me. I know I owe my present happiness to your tender & careful training my more than Mother. God bless & reward you for all your love to yr ever affecte child. that I shall always be. long after I cease to be Georgie Grenfell.
Maybridge. August 2. 1859

Max Muller
Aug. 3. 1859

जॉर्जिना की स्मृति पुस्तिका में मैक्स म्युलर का प्रेम निवेदन

था कि मिलन के रास्ते में कौन-कौन-सी मुसीबतें आएँगी। तीन साल तक उन्हें इनसे निबटना पड़ा। 1854 में मैक्स म्युलर ने जॉर्जिना के साथ विवाह का प्रस्ताव रखा। लेकिन जॉर्जिना के पिता ने प्रस्ताव नामंजूर कर दिया। उन्हें यह मिलनसार युवा प्राध्यापक पसंद तो था, लेकिन वे अपनी बेटी के भविष्य के प्रति चिंतित थे। उन्हें पता था कि अपनी सीमित आय के साथ मैक्स म्युलर उनकी बेटी को वह समृद्धि नहीं प्रदान कर सकते, ग्रेनफ़ेल परिवार में वह जिसकी आदी रह चुकी है। मैक्स म्युलर इतनी जल्दी हार मानने को तैयार नहीं थे। उन्होंने ग्रेनफ़ेल परिवार के इर्द-गिर्द मित्रों का

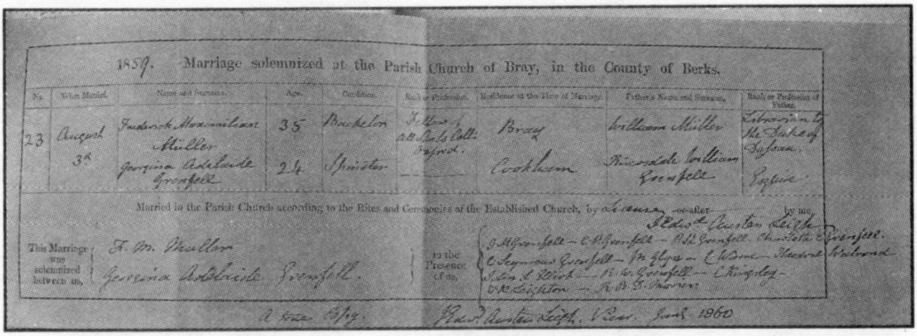

1859. Marriage solemnized at the Parish Church of Bray, in the County of Berks.

No.	When Married.	Name and Surname.	Age.	Condition.	Rank or Profession.	Residence at the Time of Marriage.	Father's Name and Surname.	Rank or Profession of Father.
23	August 3rd	Frederick Maximilian Müller	35	Bachelor	Fellow of All Souls Coll. Oxford.	Bray	William Müller	Librarian to the Duke of Dessau.
		Georgina Adelaide Grenfell	24	Spinster	—	Cookham	Riversdale William Grenfell	Esquire.

Married in the Parish Church according to the Rites and Ceremonies of the Established Church, by Licence by me, Edwd. Austen Leigh

This Marriage was solemnized between us, F. M. Muller, Georgina Adelaide Grenfell.

in the Presence of us, [illegible]

A true Copy. Edwd. Austen Leigh. Vicar. June 1860

जॉर्जिना व मैक्स म्युलर के विवाह का प्रमाण पत्र

एक जाल बिछा रखा था, जो उन्हें उनकी प्रियतमा के बारे में सूचित किया करते थे। सूचना के साथ-साथ वे उन्हें सलाह भी देते थे, कि कैसे प्रेम के रास्ते में बाधाएँ दूर की जाएँ। दोस्तों की सलाह पर मैक्स म्युलर ने जॉर्जिना से मिलने के लिए कोई उतावली नहीं दिखाई। जॉर्जिना के पिता ने साफ़-साफ़ कह रखा था कि अगर उनकी बेटी मैक्स म्युलर से शादी करती है, फिर उन्हें उनसे कोई धन नहीं मिलेगा। साथ ही उनके कड़े रुख़ की वजह से दोनों का मिलना भी संभव नहीं था। सिर्फ़ चिट्ठियों के ज़रिये जॉर्जिना आभास देती थी कि उनके दिल में मैक्स म्युलर के लिए कौन-सी जगह है। म्युलर की चिट्ठियों से भी पता चलता था कि वे आशा और निराशा के बीच डोल रहे हैं। पहली मुलाक़ात के बाद क्रीमिया युद्ध की समाप्ति पर ऑक्सफ़ोर्ड में हुए एक समारोह के दौरान दोनों को मिलने का मौक़ा मिला। ग्रेनफ़ेल परिवार की ओर से मैक्स म्युलर से अनुरोध किया गया था कि वे उनके लिए ऑक्सफ़ोर्ड में ठहरने और वहाँ घूमने के कार्यक्रम की व्यवस्था करें। ग्रेनफ़ेल परिवार की परंपराओं को तोड़कर दोनों ने छिपे रहने का सिलसिला ख़त्म करने का निर्णय लिया। चंद दिन बाद 7 जून 1856 को जॉर्जिना अपनी डायरी में लिखती हैं :

> *भावनाओं में बहते हुए उसने मुझे अपने सच्चे प्यार के बारे में बताया, और हालाँकि मुझे पता है कि पिताजी का यह कहना सही है कि उसकी कम आय के कारण वे हमारी शादी पर राज़ी नहीं हो सकते,*

मैक्स म्युलर की पत्नी जॉर्जिना

लेकिन मैं उसके बारे में सोचे बिना नहीं रह सकती।[30]

जॉर्जिना के पिता रिवर्सडेल ग्रेनफ़ेल अपना रुख़ बदलने को तैयार नहीं थे। अपना इरादा स्पष्ट करने के लिए उन्होंने अपनी वसीयत में भी इस आशय के प्रावधान रखे थे कि बेटी अगर उनकी मर्ज़ी के खिलाफ़ शादी करती है, तो उसे संपत्ति का हिस्सा नहीं मिलेगा। अपने घर में उन्होंने शादी के लायक युवकों को आमंत्रित करना शुरू किया, इस उम्मीद के साथ कि शायद इनमें से कोई जॉर्जिना को पसंद आ जाए। जॉर्जिना को यह चाल समझ में आ गई, और उन्होंने अपने पिता से अनुरोध किया कि वे ऐसी कोशिशों से बाज़ आएँ। अब दो ही रास्ते मुमकिन थे। या तो जॉर्जिना अपने पिता के दबाव में आकर उनकी पसंद के किसी युवक से शादी कर लेती, और ज़िंदगी भर एक ऐसे इनसान के साथ गुज़ारा करती, जिससे उसे प्यार नहीं था। या कोई चमत्कार होता, और उनके पिता की नज़र में मैक्स म्युलर इतने चढ़ जाते कि वे इस शादी को सहमति देने को तैयार हो जाते।

एक संयोग ने जॉर्जिना और मैक्स की मदद की। ऑक्सफ़ोर्ड में एक कॉन्सर्ट के दौरान जॉर्जिना ने दूर से मैक्स म्युलर को देखा। वह प्रेक्षागृह में ही बेहोश हो गई और तुरंत वहीं पर डॉक्टर बुलाना पड़ा। जाँच के बाद डॉक्टर ने पाया कि इस युवती की जीने की इच्छा बिल्कुल घट चुकी है और चिंतित होकर उन्होंने पिता को इसके बारे में बताया। बेटी के कमज़ोर स्वास्थ्य से चिंतित होकर व मैक्स म्युलर के मित्रों के दबाव में आकर वे राज़ी हो गए। अगस्त 1859 में मैक्स म्युलर और जॉर्जिना की शादी हुई। हॉनीमून के दौरान उन्होंने सारे यूरोप की यात्रा की। जॉर्जिना पहली बार मैक्स म्युलर के साथ जर्मनी आई, और हाइडेलबर्ग में उन्हें अपने पति के अग्रज मित्र बुनसेन से परिचित होने का मौक़ा मिला। फिर वे ड्रेस्डेन और केमनित्ज़ गए, जहाँ मैक्स म्युलर की माँ और बहन नई बहू को देखने के लिए बेताबी से इंतज़ार कर रही थीं। जॉर्जिना को एक नया परिवार मिला। बोहेमिया, स्विट्ज़रलैंड और फिर जर्मनी होते हुए दोनों ऑक्सफ़ोर्ड वापस लौटे। कठिन परीक्षा की घड़ियाँ अब ख़त्म हो चुकी थीं। उनका वैवाहिक जीवन प्रेम और पारस्परिक सम्मान के द्वारा चरित्रात्मक था। मैक्स म्युलर को अपने काम के लिए प्रेरणा का स्रोत मिला।

---

30. Ibid., p. 154

वेद के अनुवादक को ब्राह्मण का सम्मान

मैक्स म्युलर का इरादा था कि 25 वर्षों के कठिन परिश्रम से तैयार किए गए सायन व्याख्या सहित ऋग्वेद का अनुवाद 6 खंडों में प्रकाशित किया जाए। उन्हें खुद विश्वास नहीं हो रहा था कि मानव जाति के इतिहास में पहली बार प्रकाशित रूप में ऋग्वेद उपलब्ध हो पाएगा, हिंदुओं के लिए जो सबसे पवित्र दैवी ग्रंथ है। स्पष्ट है कि यूरोप के इतिहासकार और धर्मों के अनुसंधानकर्ता इस प्रकाशन की राह देख रहे थे। सवाल था कि भारत में उनके काम को किस दृष्टि से देखा जाएगा ? एक जर्मन विद्वान द्वारा वेद का अनुवाद, जो सिंध और गंगा की धरती से इतना दूर हो, जिसने भारत की धरती पर कभी क़दम न रखा हो ? आख़िर ऋग्वेद हिंदुओं का परम पवित्र ग्रंथ था। 1857 में कलकत्ता, बंबई और मद्रास विश्वविद्यालय की स्थापना के बाद भारत में नई वैज्ञानिक जानकारी पर सार्वजनिक बहस का सिलसिला शुरू हुआ था। पूना में पहले तीन खंडों के प्रकाशन के बाद ब्राह्मण पंडितों ने वेदपाठ की परंपरा से प्राप्त रूपों के साथ म्युलर के पाठों की तुलना की, और उन्होंने आवश्यक संशोधन किए। संस्कृत विश्वकोश व एक शब्दकोश के संपादक व बंगाल के प्रसिद्ध संस्कृत विद्वान राजा राधाकांत देब ने म्युलर के पहले दो खंडों की समीक्षा करते हुए लिखा :

> *ऐसे परिश्रमी कार्य का सफलतापूर्वक संपादन करते हुए आपने हिंदुओं की अत्यंत सहायता की है, क्योंकि आपने उनके पवित्र शास्त्र का एक सटीक व अत्यंत सुंदर संकलन प्रस्तुत किया है।*[31]

---

31. Ibid., p. 263

अत्यंत आंतरिक तनाव के साथ मैक्स म्युलर राधाकांत देब की राय की प्रतीक्षा कर रहे थे, जो बंगाल में ब्राह्मणों के वर्चस्व के प्रबल पक्षधर थे। अनुदारवादियों के प्रवक्ता के रूप में वे समाज सुधारक व ब्राह्म समाज के प्रतिष्ठाता राजा राममोहन राय (1772-1833) के कठोर आलोचक थे। जहाँ राममोहन राय सतीप्रथा का विरोध कर रहे थे, वहीं राधाकांत देब ने 1829 में भी इस अमानवीय प्रथा को ख़त्म करने की उदारवादियों की कोशिशों का संपूर्ण ताक़त के साथ विरोध किया। ऋग्वेद के जर्मन अनुवादक ने सोचा था कि उनके काम की निर्मम रूप से आलोचना की जाएगी, क्योंकि रूढ़िवादी ब्राह्मण पंडित के लिए केवल श्रुतिसम्मत रूप में ही अनंत काल से वेद का प्रामाणिक पाठ संभव था। हालाँकि मैक्स म्युलर को गुरुकुल की परंपरा का अनुभव नहीं था, वे जानते थे कि *ग्रंथ के पृष्ठों की तरह ब्राह्मण परिवार के बच्चों को समझा जाता था, जिन पर शिक्षक अक्षरों, शब्दों और वाक्यों को ध्वनि के रूप में छाप देते थे।*[32]

बेशक राधाकांत देब जैसे परंपरावादियों को ऋग्वेद के इस अनुवाद को संदेह की दृष्टि से देखना चाहिए था, क्योंकि यह काम था किसी हिंदू का, यहाँ तक कि किसी भारतीय का भी नहीं था, बल्कि एक यूरोपवासी का, जो कभी भारत आया भी नहीं था। म्युलर कहते हैं कि यह कुछ ऐसा था कि मुद्रण कला के आविष्कार के बाद एरासमुस फ़ॉन रोटरडम के बदले अगर बनारस के किसी हिंदू ने न्यु टेस्टामेंट का एक आलोचनात्मक संस्करण प्रकाशित किया होता। इसलिए वे राधाकांत देब के सकारात्मक मूल्यांकन से अत्यंत प्रसन्न हुए। यह भारत में म्युलर के ऋग्वेद अनुवाद के स्वागत का संकेत था। बाद में पत्राचार के ज़रिये म्युलर ने कोशिश की कि राधाकांत देब सतीप्रथा का समर्थन बंद करें। आख़िर ऋग्वेद में इस प्रथा का प्रावधान कहीं नहीं था। यह एक विकृति थी, जो सतीत्व के प्रमाण के रूप में सिर्फ़ नारियों से जल मरने की माँग करती थी। अपने तर्कों पर ज़ोर देने के लिए उन्होंने प्राचीन जर्मन मिथकों का भी उल्लेख किया, जिनमें पति की मृत्यु के बाद पत्नियों के जलाए जाने का विवरण था।

---

32. F. Max Müller, Indian Friends. Delhi 1982, p. 26

प्राचीन की खोज–मिशनरियों की मदद ?

वैदिक स्रोतों को प्राप्त करने के लिए संस्कृत का अध्ययन ही म्युलर और राधाकांत देब के बीच पत्राचार का कारण था। बौद्धिक रूप से वे बंगाल के नवजागरण के प्रतिनिधियों के निकट थे, जिन्होंने राममोहन राय के राजनीतिक व सामाजिक लक्ष्यों से प्रेरणा ली थी। मूल धर्म की खोज में मिथकों और धर्मों का तुलनात्मक अध्ययन करने वाले मैक्स म्युलर के विचार अद्वैतवादी राममोहन राय के काफ़ी निकट थे। इस संदर्भ में उनके प्रयासों को भारत के मिथकों और विचारों के जगत् में बाह्य आक्रमण के रूप में देखने वाले आलोचकों का कहना था कि राममोहन राय के वेदांत पर आधारित एकेश्वरवाद की मदद से वे हिंदू और ईसाई धर्म के बीच एक दार्शनिक सेतु का निर्माण करना चाहते थे, ताकि ईसाई मिशन की विचारधारात्मक मदद की जा सके। म्युलर का विचार था कि ईसाई धर्म के अलावा बाक़ी सभी धर्मों के मूल में बहुईश्वरवाद रहा है। लेकिन सभी धर्मों के मूल रूप में एकेश्वरवाद का तत्त्व भी पाया जा सकता है। आमतौर पर अमूर्त एकेश्वरवाद की प्रवृत्ति देखी जा सकती है, जिसकी अभिव्यक्त एक कारक, एक पिता और भगवान के रूप में देखने को मिलती है। ऋग्वेद के अध्ययन के परिणाम के रूप में उन्होंने पाया कि *विश्वकर्मा* अनेक ईश्वरों की एक प्रणाली में एक सर्वव्यापी ईश्वर की धारणा का अविकसित रूप है। बहुईश्वरवाद से एकेश्वरवाद तक संक्रमण के संदर्भ में उन्होंने *निर्वाचित ईश्वरवाद* शब्द का प्रयोग किया। उनकी राय में निर्वाचित ईश्वरवाद बहुईश्वरवाद से श्रेष्ठ है, क्योंकि वह एकेश्वरवाद को नहीं नकारता। म्युलर की राय थी कि मानव चिंतन का विकास निर्वाचित ईश्वरवाद के अंतरिम

स्तर से होकर अंततः एकेश्वरवाद की ओर जाएगा, और उन्हें विश्वास था ईसाई धर्म एकेश्वरवाद का सर्वोच्च रूप है।

पश्चिम की संस्कृति और धर्मों के साथ संपर्क स्थापित करने की राममोहन राय और बंगाल नवजागरण की हर कोशिश को संदेह की दृष्टि से देखने वाले कुछ आलोचकों की राय में मैक्स म्युलर मिशनरियों के प्रतिनिधि थे। ब्रह्मदत्त भारती जैसों का मानना था कि प्राचीन भारत के उनके अध्ययन का एकमात्र लक्ष्य था भारत में ईसाई मिशन की मदद करना और हिंदू धर्म को मृत्युवाण से भेदना। उस समय के सामाजिक आचरण को नज़रअंदाज़ करते हुए आज के मापदंडों पर म्युलर के दृष्टिकोण को समझने की कोशिश बिल्कुल ग़लत होगी। धर्मों और संस्कृतियों के बीच संवाद के संदर्भ में निष्पक्षता आधुनिक युग की एक उपलब्धि है। उन्नीसवीं शताब्दी में पराए देशों के विधर्मियों का हृदय परिवर्तन और उन्हें 'सही धर्म' के रास्ते पर लाना एक सामान्य ईसाई लक्ष्य था। म्युलर भी एक आस्थावान ईसाई के रूप में मिशनरियों के काम के प्रति प्रतिबद्ध थे।

> *जहाँ तक हमारे अपने धर्म का सवाल है, तो उसकी संपूर्ण प्रकृति परिवर्तित करने वाली, आगे बढ़ाने वाली, सर्वव्यापी है। अगर वह शिक्षित करना और परिवर्तित करना छोड़ दे, फिर वह वह नहीं रह जाएगी, जो वह है।*[33]

धार्मिक भावनाओं की उत्पत्ति और धर्मों के विकास का अध्ययन करने वाले इतिहासकार के रूप में उनकी मुख्य रुचि धर्मों को बढ़ाने और फैलाने वाले तत्त्वों में थी। वे सत्य और प्रेम की भावना में डूबे हुए धर्मप्रचारकों और मिशनरियों को धर्मों की गतिशीलता का प्रतीक समझते थे। इसलिए उनकी राय में सारी भिन्नताओं के बावजूद बौद्ध, इस्लाम और ईसाई धर्म विश्व धर्मों के संघर्ष में आगे थे। विकास की प्रक्रिया में उनके अवसर सबसे अधिक थे। सीमाओं से परे तक गिरजों की गतिविधियों को देखते हुए मैक्स म्युलर मिशनरियों के काम की प्रभावशीलता से अत्यंत प्रभावित थे।

---

33. Essays, Beiträge zu vergleichenden Religionswissenschaft, 2. Bd., Leipzig 1879, p. 398

हृदय परिवर्तन का यह काम, स्पष्ट अर्थों में, सिर्फ़ सत्य का भावना की अभिव्यक्ति है।[34]

उनका कहना था कि बौद्ध, मुस्लिम और ईसाई—इन तीन मिशनरी धर्मों के बीच विश्व आधिपत्य के लिए संघर्ष चल रहा है और इनके बीच *भविष्य का धार्मिक युद्ध, मानवजाति का पवित्र युद्ध* छिड़ने वाला है। इंगलैंड में वे देख रहे थे कि औपनिवेशिक राजनीति में गिरजों की क्या भूमिका है। धार्मिक इतिहास में *संघर्ष* और *युद्ध* जैसे शब्दों का प्रयोग शायद इन्हीं अनुभवों का परिणाम था। और उपनिवेशीकरण व मिशनरियों के काम के समन्वय के प्रभाव को देखते हुए वे तय कर बैठे कि बाक़ी धर्म इस संघर्ष में टिक नहीं पाएँगे।

भारतीय लोकधर्म की यह जीवंत मृत्यु कब तक जारी रहेगी, कोई नहीं कह सकता; लेकिन मानवजाति के महान धर्मों के बीच संघर्ष के परिणाम को समझने के लिए कहा जा सकता है कि इस धर्म को अभी ही मुर्दा समझा जा सकता है।[35]

तीन मिशनरी धर्मों के अलावा बाक़ी धर्मों की जीवनी शक्ति के बारे में मैक्स म्युलर का यह भ्रम शायद व्यावहारिक अनुभव के अभाव से उद्भूत था। हिंदू धर्म की जीवनी शक्ति के बारे में यथार्थ से परे इस मूल्यांकन से स्पष्ट हो जाता है कि हिंदुओं के वास्तविक जीवन से वे कितने दूर थे, भले ही वे उसके उद्गम और विकास के बारे में ठोस जानकारी दे सकते थे।

लेकिन जब कोई धर्म जनता की श्रेष्ठ संतानों का समर्थन खो बैठता है, जब उसका कोई रक्षक नहीं रह जाता, पैग़ंबर और शहीद नहीं होते, तो उसका जीवन समाप्त हो जाता है, और इस दृष्टि से हज़ार साल पहले ही ब्राह्मण धर्म का जीवन समाप्त हो चुका है।[36]

---

34. Ibid., p. 399
35. Ibid., p. 402 f.
36. Ibid., p. 402 f.

म्युलर का यह मूल्यांकन हिंदुओं की धार्मिक-दर्शनशास्त्रीय परंपरा की उनकी सकारात्मक समझ के बिल्कुल विपरीत था। सच ही उन्होंने अपनी आत्मकथा में कहा था कि वे कमरे में बंद पंडित हैं। गंगा के किनारे तीर्थयात्रियों की तस्वीर उनके लिए सिर्फ़ कल्पना थी। अनुभव के विश्व में भारत के यथार्थ की अनुपस्थिति से एक उलटी तस्वीर बन चुकी थी। म्युलर के लिए विलुप्त अतीत ही यथार्थ था, विकास के दौर में पनपा वर्तमान उनकी पहुँच से दूर रह गया था।

सत्य की भावना की अभिव्यक्ति के रूप में मिशन के म्युलर के लिए दो रूप थे : प्रेम, त्याग और अधिकार से भरा पितासम्मत रूप, और दूसरी आस्थाओं पर हमला कर उसे नष्ट करने वाला रूप, भले ही इन दूसरी आस्थाओं में भ्रम से मिश्रित सत्य के तत्त्व हों। वे खुद एक तीसरे रूप के पक्षधर थे, जिसे उन्होंने कोई नाम नहीं दिया।

> *जब कभी भी ऐसा हो, कि दो धर्म एक दूसरे से टकराएँ, और उनके अंग शांतिपूर्ण ढंग से एक दूसरे से मिले, एक दूसरे को परिवर्तित करने की इच्छा के बिना, हिंसा और दबाव के बिना, तो इस मिलन की चेतना का एक शांत प्रभाव होता है, जो अक्सर दोनों के लिए एक वरदान बन जाता है।*[37]

बंगाल के सुधारवादियों के साथ म्युलर का संवाद का यही रूप था। वे शांतिपूर्ण संबंध और मुक्त संवाद को धर्म सुधार का एक माध्यम समझते थे।

उनका उद्देश्य यह था कि धार्मिक भावनाओं के मूल स्रोतों तक पहुँचा जाए, और वहाँ से वर्तमान विकृतियों को पहचाना जाए। स्पष्ट है कि ईसाई धर्म का अध्ययन करने वाले राममोहन राय से उनकी वैचारिक निकटता थी। राममोहन राय उन ईसाई मिशनरियों के आलोचक थे, जो छलबल से भारतवासियों को ईसाई बनाना चाहते थे, और वे ईसाई धर्म के शाश्वत मूल्यों तक वापसी की माँग करते थे। यहाँ उन्हें विश्व के विभिन्न धर्मों के बीच मिलन की भूमि दिखाई देती थी। म्युलर की शिकायत थी कि

37. Ibid., p. 407

मिशनरियों ने भारतीय सुधारवादियों का सम्यक् मूल्यांकन नहीं किया है। मिशन का यह मूल्यांकन उन दिनों भारत में प्रचलित मिशनरी दृष्टिकोण के बिल्कुल विपरीत था। इसलिए भारत के सुधारवादियों ने म्युलर के अध्ययनों को भारत के बौद्धिक जगत् पर हमले के रूप में नहीं देखा। स्वामी विवेकानंद द्वारा मैक्स म्युलर के मूल्यांकन में हमें कहीं ऐसी आशंका नहीं दिखाई देती है। उन्होंने लिखा था :

> *प्रोफ़ेसर म्युलर पश्चिम के विद्वानों के बीच शीर्षस्थ स्थान रखते हैं। ऋग्वेद, जिसे कोई संपूर्ण रूप में देख नहीं सकता था, अब छपाई के सुंदर अक्षरों में उपलब्ध है, हर कोई उसे आसानी से पढ़ सकता है, जो ईस्ट इंडिया कंपनी द्वारा किए गए विशाल ख़र्च व प्रोफ़ेसर के वर्षों के परिश्रम का परिणाम है।*[38]

38. Nirad Chaudhary, Scholar Extraordinary, The Life of Rt. Hon. Friedrich Max Müller, P.C. London 1974, p. 263

उपनिवेशवाद के क़िले में

मैक्स म्युलर की सारी सर्जनात्मक क्षमता भारत को समर्पित थी। लेकिन भारत के दर्शन का अवसर उन्हें नहीं मिला था। फिर उन्हें प्रेरणा कहाँ से मिल रही थी ? बचपन में देखी गई उस तस्वीर से—सपनों का रहस्यमय देश भारत ?

> *हालाँकि मुझे बनारस के घाटों पर खड़े होने का मौक़ा नहीं मिला, और मैं गंगा के पवित्र जल में नहाते पुरुषों, महिलाओं और बच्चों को कभी देख नहीं पाया, लेकिन मुझे यूरोप में अनेक भारतवासियों से परिचित होने का सौभाग्य प्राप्त हुआ है, और इसमें कोई संदेह नहीं कि वे भारत की श्रेष्ठ संतानों में से रहे हैं।*[39]

पेरिस में ही म्युलर को भारतीय बुद्धिजीवियों से बातचीत करने का मौक़ा मिल चुका था। वे द्वारकानाथ से हुई मुलाक़ात से अत्यंत प्रभावित थे। तीखे व्यंग्य के साथ द्वारकानाथ ठाकुर औपनिवेशिक अफ़सरों के हास्यास्पद आचरण का वर्णन करते थे, जो भारत के मुक़ाबले इंगलैंड की नैतिक श्रेष्ठता का प्रमाण देना चाहते थे। द्वारकानाथ उस समय भारत में विकसित हो रहे उदारवाद और राष्ट्रवाद के जनक समझे जाते थे।

इसके बाद ब्राह्म समाज के सुधारकों, ख़ास कर द्वारकानाथ के पुत्र देवेन्द्रनाथ ठाकुर और केशव चंद्र सेन के साथ मैक्स म्युलर का नियमित रूप से पत्राचार होता था। 1870 में केशव चंद्र सेन इंगलैंड आ गए थे,

39. F. Max Müller, Indian Friends. Delhi 1982, p. 5

और भारत की राजनीतिक परिस्थिति के बारे में वे मैक्स म्युलर को विस्तार से जानकारी देते थे। मैक्स म्युलर ने भारत में ब्रिटिश आधिपत्य पर कभी प्रश्नचिह्न नहीं लगाया। ईस्ट इंडिया कंपनी के *कर्मचारी* के रूप में वे भारत के उपनिवेशीकरण को इतिहास की मजबूरी मानते थे। अपने भाषणों के जर्मन संस्करण को केम्ब्रिज के प्रोफ़ेसर ई. बी. कावेल के नाम निवेदित

50 वर्ष की आयु में मैक्स म्युलर

करते हुए भारत के आधिपत्य के संदर्भ में उन्होंने कहा कि अंग्रेज़ों के गुणों में निर्भीकता, सक्षमता और वास्तविक राजनीतिक प्रतिभा शामिल है। इस प्रकार वे ब्रिटिश साम्राज्य के उपनिवेश के रूप में भारत की सत्ता को स्वीकार करते थे।

ब्रिटिश औपनिवेशिक नीति के प्रति मैक्स म्युलर की वफ़ादारी को ऐतिहासिक विकास के उस दौर के परिप्रेक्ष्य में देखना चाहिए। यह भारत की राष्ट्रीय स्वतंत्रता के आंदोलन की पूर्ववेला थी। इसलिए यह सवाल अप्रासंगिक ही है कि भारत की सांस्कृतिक परंपरा से प्रभावित व उसे विश्व संस्कृति का अंग समझने वाले जर्मन विद्वान उपनिवेशवाद के क़िले में राजनीतिक रूप से भारत का पक्ष क्यों नहीं ले रहे थे ? दोनों देशों की राजनीतिक घटनाओं की समय सारिणी की तुलना करते हुए हम पाते हैं कि मैक्स म्युलर के जीवन के अंतिम दौर में ही भारत का राष्ट्रीय आंदोलन विकसित हो रहा था। 1885 में भारतीय राष्ट्रीय काँग्रेस की स्थापना हुई, लेकिन वह भी ब्रिटिश औपनिवेशिक शासन को चुनौती नहीं दे रही थी, बल्कि विश्वसनीय विपक्ष की भूमिका निभाना चाहती थी। राष्ट्रीय आंदोलन के इन प्रतिनिधियों के साथ मैक्स म्युलर के संबंध थे, और राष्ट्रीय आज़ादी के आंदोलन की इन पुरोगामी ताक़तों से उन्हें अपने काम के लिए प्रेरणा व नई दृष्टि मिल रही थी।

दूसरी ओर इंगलैंड में न सिर्फ़ शिक्षा जगत् में उनका सम्मान था, बल्कि ब्रिटिश सरकार भारत में अपने अधिकारियों को जानकारी देने के लिए भी मैक्स म्युलर के ज्ञान का उपयोग कर रही थी। मसलन *सामाजिक सांस्कृतिक सलाहकार* के रूप में वे अक्सर भारत जाने वाले इंडियन सिविल सर्विस के अधिकारियों के सामने भाषण दिया करते थे। उनका कहना था कि इंगलैंड में भारत की भाषाओं, उसके साहित्य और इतिहास के अध्ययन की सर्वश्रेष्ठ संभावनाओं के बावजूद भारत की भौतिक और सांस्कृतिक विजय के बीच अंतर बढ़ता जा रहा है। बड़ी चतुरता के साथ ब्रिटेन की राष्ट्रीय भावनाओं को छेड़ते हुए वे कहा करते थे कि कहीं ऐसा न हो कि कोई दूसरा देश भारत की सांस्कृतिक विजय का श्रेय ले जाए। इसे रोकने के लिए वे इंगलैंड की ओर से भारत के अध्ययन और शोध के लिए अधिक समर्थन की माँग करते थे।

समाचार पत्र में मैक्स म्युलर का रेखाचित्र, 15 अक्तूबर, 1891

ऑक्सफ़ोर्ड में मैक्स म्युलर का आवास

इसके अलावा वे गहरी रुचि के साथ भारत में विकसित हो रही उदारवादी राष्ट्रवादी ताक़तों को देख रहे थे, जिनकी निष्ठा भारत के शाश्वत मूल्यों में थी, और जिनके गर्भ से भारत को स्वतंत्रता दिलाने वाले राष्ट्रीय आंदोलन का जन्म होने वाला था। रामकृष्ण परमहंस और स्वामी विवेकानंद में मैक्स म्युलर की गहरी श्रद्धा थी। साथ ही वे चाहते थे कि ब्रिटिश सरकार राष्ट्रवादियों के प्रति सहानुभूति का रुख़ अपनाए, जबकि अँग्रेज़ों की नज़र में वे ख़तरनाक उग्रवादी थे। 1898 में जब राष्ट्रीय नेता बालगंगाधर तिलक को गिरफ़्तार किया गया, तो उनकी मुक्ति के लिए आवेदन पर हस्ताक्षर करने वालों में फ़्रीडरिष मैक्स म्युलर भी शामिल थे।

दुर्भाग्य की काली छाया

1872 में मैक्स म्युलर ने अध्यापन के कार्य से छुट्टी ले ली, ताकि समूची ताक़त प्राच्य की पवित्र पुस्तकों के संपादन में लगाई जा सके। उनका संग्रह अब भारतीय संदर्भ से कहीं आगे निकल चुका था। यूरोप, ख़ासकर जर्मनी के प्रसिद्ध प्राच्यविद इस्लामी व चीनी धार्मिक पुस्तकों के अनुवाद में जुटे हुए थे।

पत्नी जॉर्जिना, तीन बेटियों और एक बेटे से उन्हें ताक़त और प्रेरणा मिलती थी। लेकिन पारिवारिक सुख की मधुरता उन्हें कहीं आशंकित भी करती थी। 1868 में अपनी एकमात्र बहन की मृत्यु के बाद वे लिखते हैं :

> *इसके बावजूद काफ़ी कुछ है, जो हमें सुखी और आभारी बनाता है; और फिर भी सुख के क्षणों में भी यह विचार मन में आए बिना नहीं रहता : यह स्थायी तो नहीं हो सकता।*[40]

देस्साउ के आनहाल्ट प्रादेशिक पुस्तकालय में उनकी बेटी आदा का एक रेखाचित्र एलबम है, जिससे कलाकार के रूप में उसकी असाधारण प्रतिभा का परिचय मिलता है। 1876 में उसने प्राचीन ग्रीस और रोम के नमूनों पर रेखाचित्रों की एक श्रृंखला तैयार की। वह इस तरीक़े से काम किए जा रही थी, कि लग रहा था कि उसे पता चल गया था कि अब उसे बहुत दिनों तक जीना नहीं है। यह उसकी ज़िंदगी का आख़िरी वर्ष था, तानिका शोथ से उसकी मृत्यु हो गई। 6 नवंबर को द्रेस्देन में उसे दफ़नाया

---

40. Nirad Chaudhary, Scholar Extraordinary, P.C. London 1974, p. 269

पुत्री आदा का बनाया रेखाचित्र

आदा का बनाया रेखाचित्र

गया। मैक्स म्युलर का बेटी से बेहद लगाव था, उनके सिर पर तो आसमान टूट पड़ा।

> *जब तक हमारी लंबी यात्रा ख़त्म नहीं होती है, मेरा संपूर्ण जीवन, मेरी सारी चिंताएँ अब उससे जुड़ी रहेंगी।*[41]

बेटी की मौत और परिवार में अन्य दुःखद घटनाओं के कारण 53 वर्षीय मैक्स म्युलर गहरे अवसाद में डूब गए। वर्षों बाद भी उन्हें लगता था कि अभी कल ही उन्हें किस्मत के ये थपेड़े सहने पड़े थे।

> *मुझे ऐसा लगता है कि मानों मेरे जीवन में अब जाड़े की शुरुआत हो चुकी है, और जल्द ही सब कुछ समाप्त होने वाला है। इस विचार से सब कुछ सहने में मदद मिलती है।*[42]

---

41. Ibid., p. 273
42. The Life and Letters of the Right Honourable Friedrich Max Müller. 2. Bd., London, New York and Bombay 1902, p. 199

बेटी की मृत्यु के वर्षों बाद भी मैक्स म्युलर इस क्षति को भूल नहीं पाए। मित्रों और परिचितों के नाम पत्रों में वे बार-बार अपने जीवन की इस दुःखद घटना का उल्लेख करते रहे। इस अवसाद से मुक्ति पाना उनके लिए संभव नहीं था। वैज्ञानिक अनुसंधान अब उनके लिए इस करुण स्मृति को टालने का एक माध्यम भी बन चुका था।

प्रतिष्ठा के शिखर पर

1886 में इंगलैंड के उपनिवेशों पर एक विशाल प्रदर्शनी होने वाली थी, जिसे Colonial and Indian Exhibition का नाम दिया गया था। इस अवसर पर राजपरिवार में यह विचार पैदा हुआ कि ऐल्बर्ट हॉल में उसके उद्घाटन के दौरान इंगलैंड के राष्ट्रीय गीत का एक अंश संस्कृत गायन में प्रस्तुत किया जाए। जब प्रिंस ऑफ़ वेल्स के सचिव सर फ़िलिप कनलिफ़ ओवेन ने उनसे *गॉड सेव द क्वीन* के तीसरे अनुच्छेद के संस्कृत अनुवाद के लिए कहा, तो मैक्स म्युलर अत्यंत प्रसन्न हुए। उनके लिए यह शैक्षणिक जगत् से परे सामाजिक व राजनीतिक हलकों का ध्यान आकर्षित करने का एक अवसर था। लेकिन 24 अप्रैल, 1886 को उन्हें सूचित किया गया कि संस्कृत गायन का विचार छोड़ दिया गया है, क्योंकि यह सवाल पैदा हो गया है कि ब्रिटिश साम्राज्य की अनेक भाषाओं में से संस्कृत को ही क्यों चुना जाए। म्युलर अत्यंत निराश हुए। लेकिन उनकी निराशा क्षणिक थी। एक हफ़्ते बाद एक पत्र के ज़रिये प्रिंस ऑफ़ वेल्स के सचिव ने फिर उन्हें संकेत दिया कि महारानी का विचार बदल चुका है। इस संदर्भ में तर्क देने की कोशिश करते हुए कहा गया कि संस्कृत के चयन से साम्राज्य की दूसरी भाषाओं का अपमान नहीं होता, क्योंकि संस्कृत एक ऐतिहासिक भाषा, भाषाओं की जननी है। कारण के रूप में इसी के साथ ब्रिटेन की औपनिवेशिक प्रणाली में भारत के महत्त्वपूर्ण स्थान की ओर संकेत किया गया। उद्घाटन समारोह में राष्ट्रीय गीत के संस्कृत अनुवादक के रूप में मैक्स म्युलर का नाम प्रकाशित किया गया। अपने विषय के इस सार्वजनिक सम्मान से मैक्स म्युलर अत्यंत प्रसन्न हुए। इंगलैंड के प्रबुद्ध वर्ग में मैक्स म्युलर की ख्याति

बढ़ती जा रही थी। सिर्फ़ विद्वान, बुद्धिजीवी और राजनीतिज्ञ ही नहीं, राजपरिवार भी उनका प्रशंसक था। यहाँ तक कि महारानी विक्टोरिया और प्रधान मंत्री लॉर्ड सैलिसबरी भी उनकी असाधारण लोकप्रियता का ख़्याल रख रहे थे। 17 मई, 1896 को भेजे गए एक पत्र में लॉर्ड सैलिसबरी लिखते हैं :

प्रिय प्रोफ़ेसर मैक्स म्युलर, मुझे यह सूचित करने का सौभाग्य प्राप्त है कि अत्रमहान सम्राज्ञी इस देश में भाषाशास्त्र के क्षेत्र में आपकी महान सुकृतियों और विद्वानों के बीच आपके अनवद्य स्थान से परिचित हैं, और उन्होंने निर्देश दिया है कि आपको प्रिवी कौंसिल में स्थान दिया जाए। इस संवाद को प्रेषित करते हुए मुझे अत्यंत हर्ष है।[43]

जर्मनी में भी उनकी प्रसिद्धि की ओर लोगों का ध्यान जा रहा था। उन्हें अनेक प्रकार से सम्मानित किया जा रहा था। लेकिन मैक्स म्युलर के लिए सबसे महत्त्वपूर्ण था उस देश के लोगों द्वारा प्रदत्त सम्मान, जिसके लिए उनका सारा जीवन समर्पित था :

उन्होंने मुझे ऐसे उपहार भी भेजे हैं, जो सिर्फ़ ब्राह्मण पंडितों को भेजे जाते हैं, क्योंकि उनका कहना है कि मैं पंडितों से भी अधिक वेदों का ज्ञाता हूँ। यही नहीं, वे तो मुझे यज्ञोपवीत भी भेज चुके हैं, और मेरे लिए यह किसी भी पदक से ज्यादा मूल्यवान है।[44]

वर्षों बाद अपने बौद्धिक विकास के क्षेत्र में मैक्स म्युलर के योगदान की चर्चा करते हुए भारत के राष्ट्रपिता महात्मा गाँधी अपनी आत्मकथा में लिखते हैं :

गहरी दिलचस्पी के साथ मैंने मैक्स म्युलर की पुस्तक भारत, हमें वह क्या सिखा सकता है पढ़ी, और साथ ही थियोसोफ़िकल सोसाइटी द्वारा प्रकाशित उपनिषदों के उनके अनुवाद। इससे हिंदू धर्म के प्रति

---

43. Nirad Chaudhary, Scholar Extraordinary, The Life of the Rt. Hon. Friedrich Max Müller, P.C. London 1974, p. 366
44. Heimo Rau, Der verehrte pandit, in : Deutsche unter anderen Völkern

प्रिवी कौंसिल के सदस्य मैक्स म्युलर

मेरी श्रद्धा बढ़ी और मैं उसकी महानता से परिचित हो सका।

सार्वजनिक सम्मान से म्युलर के अहं को तृप्ति मिल रही थी। उनकी पत्नी जॉर्जिना अँग्रेज़ी अख़बारों में उनके बारे में छपी रिपोर्टों और समीक्षाओं को सँवार कर रखती थी। लेकिन ब्रिटिश व्यंग्य के साथ उनके कामों की कमज़ोरियों पर चुभती रिपोर्टें भी छपती थीं। ख़ास कर उनके लेखों, भाषणों और निबंधों के विषयों की बहुलता की आलोचना की जाती थी। उनके शीर्षकों पर नज़र डालने से स्पष्ट हो जाता था कि म्युलर के मौलिक विषयों से इनका कोई लेना-देना नहीं है। मसलन *क्या कॉर्नवाल में यहूदी पाए जाते हैं ?* या फ्रांसीसी भाषा में उनका निबंध *17वीं शताब्दी के मध्य में फ्रांस में कला, साहित्य और विज्ञान का विकास*। लेकिन विषयों की बहुलता के बावजूद उनमें इतिहास और भाषाओं में मैक्स म्युलर की रुचि दिखाई पड़ती थी। लेकिन इंगलैंड के आलोचक इस सिलसिले में अक्सर उनके जर्मन होने की ओर इशारा करते थे। 5 अक्तूबर, 1889 को समाचार पत्र स्कॉट्स ऑबज़र्वर उनके बारे में लिखता है :

> *उनके लेख हमेशा पठनीय होते हैं, आमतौर पर रोचक, कभी-कभी शिक्षाप्रद, और विरल ही वैज्ञानिक। उसकी शैली एक रहस्य है कि यह अच्छी अँग्रेज़ी है इसे कोई भी अस्वीकार नहीं कर सकता, कि उनमें विदेशी शब्द नहीं होते हैं, इस पर प्रश्नचिह्न नहीं लगाया जा सकता, कि वे धाराप्रवाह और सरल हैं यह भी स्पष्ट है, लेकिन कोई भी पढ़ा-लिखा अँग्रेज़ उन्हें पढ़कर तुरंत कहेगा कि किसी विदेशी ने इसे लिखा है। बड़ी सावधानी से उनके किसी निबंध को अगर पढ़ा जाए और उसमें अगर एक भी विदेशी शब्द न मिले, फिर भी कुल मिलाकर वह विदेशी लगेगा।*

म्युलर ऐसी व्यंग्यात्मक आलोचना के साथ जीना सीख चुके थे। अपनी दूसरी मातृभूमि के रूप में उन्होंने इंगलैंड को चुना था। लेकिन हालाँकि वे पचास साल तक वहाँ रहते और काम करते रहे, हमेशा वे ऐसे एक दिग्गज बने रहे, ब्रिटेन के विद्वत् समाज में प्रवेश के लिए जिन्हें कठिन संघर्ष करना पड़ा था। तीन संस्कृतियों के समन्वय के द्वारा चरित्रात्मक था उनका

GOD SAVE THE QUEEN

TRANSLATED INTO SANSKRIT

BY F. MAX MÜLLER.

1.

राज्ञीं प्रसादिनीं
Râ*gñ*îm prasâdinîm
The Queen, the gracious,

लोकप्रणादिनीं
Lokapra*n*âdinîm
World-renowned,

पाहीश्वर
Pâhîsvara
Save, O Lord!

लक्ष्मीप्रभासिनीं
Lakshmîprabhâsinîm
In victory brilliant,

शत्रूपहासिनीं
*S*atrûpahâsinîm
At enemies smiling,

तां दीर्घशासिनीं
Tâ*m* dîrghasâsinîm
Her, long ruling,

पाहीश्वर
Pâhîsvara
Save, O Lord!

2.

एह्यस्मदीश्वर
Ehy asmadîsvara
Approach, O our Lord,

शत्रून्प्रतिस्किर
*S*atrûn pratiskira
Enemies scatter,

उच्छिन्द्धि तान्
U*kkh*inddhi tân
Annihilate them!

तच्छद्म नाशय
Ta*kkh*adma nâsaya
Their fraud confound,

मायाश्च पाशय
Mâyâs*k*a pâsaya
Tricks restrain,

पाह्यस्मदाश्रय
Pâhy asmadâsraya
Protect, O thou, our refuge,

सर्वाञ्जनान्
Sarvâ*ñ* *g*anân
All people!

3.

त्वद्रत्नभूषितां
Tvadratnabhûshitâm
With thy choice gifts adorned,

राज्ये चिरोषितां
Râ*g*ye *k*iroshitâm
In the kingdom long-dwelling,

पाहीश्वर
Pâhîsvara
Save, O Lord,

राज्यप्रपालिनीं
Râ*g*yaprapâlinîm
Her, the realm-protecting,

सद्धर्मशालिनीं
Saddharmasâlinîm
By good laws abiding,

तां स्तोत्रमालिनीं
Tâ*m* stotramâlinîm
Her, with praises wreathed,

पाहीश्वरः ॥
Pâhîsvara.
Save, O Lord!

मोक्षमूलरभट्टः ॥

[Oxford: Printed by Horace Hart, Printer to the University.]

गॉड सेव द क्वीन का म्युलर द्वारा अनुवाद

जीवन—जर्मनी उनका देश था, इंगलैंड उनका कर्मस्थल, और उनका बौद्धिक जीवन भारत व उसकी प्राचीन संस्कृति को समर्पित था। लेकिन मूलतः वे एक जर्मन विद्वान थे, जर्मनी की उदारवादी ईसाई परंपरा से प्रभावित, और सिंधु-गंगा की प्राचीन संस्कृति के अदम्य आकर्षण से जुड़े हुए।

1892 में लंदन में नौवाँ अंतर्राष्ट्रीय प्राच्य वैज्ञानिक अधिवेशन शुरू हुआ। अपेक्षा के अनुरूप मैक्स म्युलर उसके अध्यक्ष चुने गए। इंगलैंड के गोएठे समाज ने भी उन्हें अपने अध्यक्ष के रूप में चुना।

जर्मनी के प्रति निष्ठा

हालाँकि मैक्स म्युलर पाँच दशकों से अधिक समय तक इंगलैंड में रहे और वहाँ उन्होंने काम किया, लेकिन चेतना के स्तर पर उनकी जड़ें जर्मनी में बनी रहीं। अँग्रेज़ी में कांट की पुस्तक *पवित्र तर्क की आलोचना* व विल्हेल्म शेरर के *जर्मन साहित्य के इतिहास* का अनुवाद करते हुए उन्होंने इंगलैंड में जर्मन बौद्धिक जगत् का परिचय देने में योगदान दिया।

प्रसिद्ध जर्मन पुरातत्त्वविद हाइनरिष श्लीमान्न के साथ 15 सालों तक उनका पत्राचार रहा। युवावस्था के अपने मित्र लेखक थेओडोर फोंटाने के साथ भी वे घनिष्ठ रूप से जुड़े रहे। जब 1855 के शरत में उन्होंने लंदन की यात्रा की, तो म्युलर ने उनका ख़्याल रखा। लंदन में ठहरना ब्रांडेनबुर्ग के लेखक के लिए महँगा पड़ रहा था, तो मैक्स म्युलर ने उनसे अनुरोध किया कि फ़ोंटाने उनकी जगह पर जर्मन भाषा के परीक्षक के रूप में जाएँ। फ़ोंटाने समझ रहे थे कि सम्मान राशि के साथ जुड़ा हुआ यह आमंत्रण दरअसल मदद की कोशिश थी। वे लिखते हैं : *यह अनुरोध एक पहनावा था, यह सहृदयता थी।*

एक साल बाद थेओडोर फ़ोंटाने फिर इंगलैंड की यात्रा पर आए। ऑक्सफ़ोर्ड में म्युलर के साथ मुलाक़ात के बारे में बाद में वे लिखते हैं कि यह उनकी इंगलैंड यात्रा की एक सुखद घटना थी। सत्तर के दशक के मध्य में दोनों की जर्मनी में मुलाक़ात हुई। मैक्स म्युलर श्ट्रासबुर्ग में मेहमान प्रोफ़ेसर के रूप में आए हुए थे, लौटते समय वे अपने पुराने मित्र बुनसेन से मिलने जर्मनी गए। इस अवसर पर फ़ोंटाने को आमंत्रित करते हुए बुनसेन ने लिखा था कि उनकी मुलाक़ात एक पुराने मित्र से भी होगी।

म्युलर से मिलकर फ़ोंटाने की खुशी का कोई ठिकाना न रहा। मैक्स म्युलर की अस्मिता का संकट फ़ोंटाने से छिपा न रहा। वे लिखते हैं कि उनकी मुलाक़ात एक ऐसे पुराने दोस्त से हुई, *जो हृदय से जर्मन होने के बावजूद राजनीतिक रूप से लंबे समय से अँग्रेज़ बन चुके थे।*

उपन्यास लेखक के रूप में भी मैक्स म्युलर को प्रसिद्धि मिली। 1856 में उन्होंने एक उपन्यास लिखा था, जिसमें एक अपंग जर्मन काउंटेस और एक निर्धन युवक के प्रेम की मार्मिक कहानी का वर्णन किया गया था।

> *इस उपन्यास के माध्यम से मैं अपने और दूसरों के लिए जो कुछ स्पष्ट करना चाहता था, वह यह है : क्यों हम अपने जन्मजात प्रेम के साथ दूसरों को इतना कम प्यार दे पाते हैं ? क्यों प्यार हमेशा अपने परिवार, माता-पिता, पत्नी, बच्चों तक ही सीमित रहता है और उससे परे तक जाने की कोशिश क्यों आमतौर पर तड़प के साथ ख़त्म हो जाती है ?*[45]

पत्नी जॉर्जिना को पहले से ही अच्छी जर्मन आती थी, और उन्होंने इस उपन्यास का अँग्रेज़ी में अनुवाद किया। 1900 में इस पुस्तक का बारहवाँ संस्करण प्रकाशित हुआ। मैक्स म्युलर की ख़ास रुचि जर्मनी के राजनीतिक विकास में थी। युवावस्था में जर्मनी में अपने अनुभवों से उद्भूत उदारवादी राष्ट्रवाद, व साथ ही, पराई संस्कृतियों के प्रति रूमानी आकर्षण के कारण जर्मनी में परिवर्तनों से भी उन्हें कुछ विशेष अपेक्षाएँ थीं। देस्साउ में अपने बचपन की याद और वहाँ के सामंत द्वारा दी गई मदद के कारण वे बाद में भी छोटे सामंती राज्यों को देश के सांस्कृतिक विकास के लिए सर्वोत्तम समझते थे। दरअसल अतीत के प्रति इस मोह तथा एक एकीकृत जर्मनी की भावी तस्वीर के बीच एक विरोधाभास था। शिक्षा, कला, साहित्य और वैज्ञानिक ज्ञान में गहरी आस्था के कारण वे रूमानी रंगों से भविष्य की आदर्श तस्वीर रँगने में समर्थ थे। छोटे सामंती राज्यों की संभावना पर ज़ोर देते समय वे वाइमार की संरचनाओं की ओर ध्यान दिलाते थे, जिनके बिना शायद वीलांड, हैर्डर, गोएठे या शिलर न हुए होते।

---

45. Nirad Chaudhary, Scholar Extraordinary, P.C. London 1974, p. 175

दूसरी ओर उनके विचार एक उदारवादी, एकजुट मातृभूमि के काफ़ी निकट थे। वे स्पष्ट रूप से कहते थे कि 1848 की क्रांति की विफलता से वे कितने निराश हैं।

श्लेसविग होलश्टाइन की समस्या से वे अत्यंत निकट रूप से जुड़े हुए थे। इन दोनों सामंती राज्यों का शासन उन दिनों डेनमार्क के अधीन था। श्लेसविग को डेनमार्क के अंतर्भुक्त करने की संभावना को टालने के लिए प्रशिया ने दोनों जर्मन-डेनिश युद्ध में भाग लिया। आख़िरकार बिसमार्क ऑस्ट्रिया का समर्थन जुटा पाए। ऑस्ट्रिया और प्रशिया को संयुक्त रूप से दोनों राज्यों के प्रशासन का अधिकार मिला। बाद में ऑस्ट्रिया को होलश्टाइन और प्रशिया को श्लेसविग के प्रशासन की ज़िम्मेदारी मिली। जर्मन युद्ध के बाद श्लेसविग होलश्टाइन प्रशिया का अंग बना।

इस सवाल पर म्युलर की राजनीतिक गतिविधियाँ ब्रिटिश ऑक्सफोर्ड में उनकी अस्मिता के सवाल के साथ जुड़ी हुई थीं। भाषाविद के रूप में यह उनके लिए असहनीय था कि यूरोप में राष्ट्रीय आंदोलनों के फलस्वरूप यह भी देखने को मिल रहा था कि श्लेसविग में जर्मन संस्कृति फलफूल नहीं पा रही थी। लेकिन इंगलैंड में एक जर्मन के रूप में उनकी सबसे बड़ी चिंता यह थी कि कहीं इंगलैंड डेनमार्क का पक्ष न ले। उस हालत में उन्हें काफ़ी मुसीबतों का सामना करना पड़ सकता था। इसलिए उन्होंने टाइम्स समाचार पत्र में श्लेसविग-होलश्टाइन में जर्मन सांस्कृतिक परंपराओं की रक्षा के पक्ष में लेख लिखे। इसके लिए वे बिसमार्क की गृह नीति की उदारवाद विरोधी प्रवृत्तियों और अंतर्भुक्ति की प्रशियाई नीति को भी सहने के लिए तैयार थे।

1870-71 के जर्मन-फ्ऱांसीसी युद्ध के दौरान मैक्स म्युलर ने फिर एक बार राजनीतिक सक्रियता दिखाई। इंगलैंड में जर्मन विरोधी भावनाओं को रोकने के लिए इस बार भी उन्होंने बिसमार्क की विदेश नीति का समर्थन किया। उन्होंने घायल जर्मन सिपाहियों की मदद के लिए एक कार्यक्रम का आयोजन किया और उन्हें काफ़ी सफलता भी मिली। लेकिन प्रशिया के नेतृत्व में जर्मन एकीकरण और यूरोप में जर्मन मज़बूती के बावजूद नागरिक स्वतंत्रता और संसदीय लोकतंत्र के क्षेत्र में प्रगति के अभाव से वे दुखी थे। हालाँकि मैक्स म्युलर युद्ध और भेदभाव से रहित एक विश्व के पक्षधर

थे, यूरोप में सशस्त्र संघर्षों को वे अलंघ्यनीय समझ रहे थे। राष्ट्रीय मतभेदों को मिटाने व राजनीति के साधन के रूप में युद्ध की भूमिका को ख़त्म करने के लिए वे पराई संस्कृतियों के अध्ययन को सर्वश्रेष्ठ मार्ग समझते थे। जर्मनी और इंगलैंड के साथ अपने संबंधों के सिलसिले में आत्मकथा में वे लिखते हैं :

> *हालाँकि मैंने अपनी दूसरी मातृभूमि में लगभग पूरा जीवन बिताया, और कर्तव्य की भावना के साथ इंगलैंड की सेवा की और दिल से उनके लिए काम किया, उनके लिए मैं हमेशा एक जर्मन बना रहा।*[46]

46. F. Max Müller, Aus Meinem Leben. Gotha 1902, p. 259

मेरा कार्य संपन्न

1899 के शरत में मैक्स म्युलर की ताक़त घटती जा रही थी, लेकिन अगले साल वसंत आने के साथ उन्हें नई ताज़गी मिली। जून 1900 में टेम्प्ल मैगेज़िन के एक पत्रकार ने एक साक्षात्कार के लिए उनसे अनुरोध किया। इस साक्षात्कार से स्पष्ट हो जाता है कि कृतियों से भरा एक जीवन अब समापन की ओर अग्रसर है।

प्रोफ़ेसर महोदय, आपकी उम्र 77 साल है ?

हाँ, लेकिन इस बीमारी से पहले मुझे कभी उम्र का अहसास नहीं हुआ था।

लेकिन लगता है कि आपकी तंदुरुस्ती लौट रही है। क्या मैं पूछ सकता हूँ कि भविष्य में आपकी कौन-सी साहित्यिक योजनाएँ हैं ?

मेरा कार्य संपन्न हो चुका है। भविष्य में अगर कुछ करना है, तो सिर्फ़ पीछे मुड़कर देखना। ऋग्वेद के 6 विशाल खंड हैं, और पचास खंडों में प्राच्य की पवित्र पुस्तकों के अनुवाद हैं, ऑक्सफ़ोर्ड विश्वविद्यालय में मेरा अध्यापन है। यही दरअसल मेरे जीवन का काम रहा है। इसके अलावा अ़न्य अनेक पुस्तकें और अनूदित रचनाएँ हैं, संस्कृत साहित्य का इतिहास है, भाषा विज्ञान, धर्म विज्ञान, मिथक विज्ञान पर मेरी पुस्तकें हैं, भारतीय दर्शन शास्त्र का इतिहास है, जबकि मेरी लघु रचनाएँ Chips from a German Workshop में संकलित हैं। अब मुझे लगता है कि मुझे अपना पाल उतार लेना है—जो अब

तक हवा में लहरा रहा था।[47]

28 अक्तूबर, 1900 को मैक्स म्युलर का देहांत हुआ। उन्हें ऑक्सफ़ोर्ड के होलीवेल कब्रगाह में दफ़नाया गया। जीवन के अंत तक उन्हें सम्मान मिला, उन्हें केंब्रिज, डबलिन और एडिनबरा के विश्वविद्यालयों से मानद डॉक्टर की उपाधि दी गई। उनकी अंत्येष्टि में विभिन्न देशों के प्रतिनिधियों ने भाग लिया। जर्मन सम्राट ने औपचारिक प्रतिनिधि भेजा, ब्रिटिश और स्वीडिश राजपरिवार की ओर से भी प्रतिनिधि भेजे गए। स्याम के युवराज ने व्यक्तिगत रूप से उनकी अंत्येष्टि में भाग लिया। अमरीका के कोलंबिया विश्वविद्यालय सहित विश्व के विभिन्न भागों में स्मृति समारोह मनाए गए।

जिस देश की संस्कृति, भाषा, जिसके दर्शन शास्त्र और मिथकों ने उनके जीवन को साँचा, और बदले में उन्होंने भी सारे विश्व को उस देश से परिचित कराया—जो उनके बचपन की कल्पनाओं, युवावस्था के सपनों का देश था, उस देश की धरती पर मैक्स म्युलर कभी क़दम नहीं रख पाए। ऐसा लगता है कि वे अपनी कल्पनाओं को कटु यथार्थ से बचाकर रखना चाहते थे।

जिस तरह प्राचीन शास्त्रों के विद्वान रोम या एथेन्स देखने के लिए तड़पते हैं, उसी प्रकार मुझमें बनारस देखने की, गंगा के पवित्र जल में नहाने की तड़प थी। लेकिन उस समय इसका सवाल ही नहीं पैदा होता था। उस समय भारत जाना अँग्रेज़ सज्जनों का विशेषाधिकार लगता था, और वहाँ जाने में 6 महीने लग जाते थे, और काफ़ी धन ख़र्च होता था, जो मेरे पास नहीं था। भारत को प्रत्यक्ष रूप से देखने का मेरा सपना कभी पूरा नहीं हुआ। जब मैं नौजवान था तो मेरे पास भारत जाने के लिए साधन नहीं थे, और बाद में मेरे भारतीय मित्रों ने मुझे बार-बार भारत आने के लिए आमंत्रित किया, लेकिन मेरी उम्र हो चुकी थी और मैं अपने कामों में इस तरह बँधा था कि उससे बचने का कोई चारा नहीं था...मेरा भारत धरातल पर नहीं,

47. Ibid, p. 367 f.

मैक्स म्युलर 74 वर्ष की आयु में

ऑक्सफ़ोर्ड में मैक्स म्युलर की समाधि

दिल्ली का मैक्स म्युलर भवन

बल्कि उससे अनेक शताब्दियों की गहराई में था।[48]

भारत में आज भी एक महान जर्मन पंडित के रूप में उनका सम्मान किया जाता है, जिनका नाम भारत की प्राचीन संस्कृति के अध्ययन का पर्याय बन चुका है–प्यार से उनके नाम मैक्स म्युलर को बदल कर संस्कृत रूप दिया गया है : मोक्ष मूलर।

1952 में जब संघीय गणराज्य जर्मनी में विदेश में जर्मन भाषा व संस्कृति के प्रसार के लिए गोएठे संस्थान की स्थापना की गई, तो संस्थान के नाम के सिलसिले में भारत में एक अपवाद का निर्णय लिया गया। भारत में इस संस्थान का नाम मैक्स म्युलर भवन है। इस प्रकार भारत में इस महान प्राच्यविद को प्राप्त सम्मान को ध्यान में रखा गया। संघीय गणराज्य जर्मनी ने सही समय पर निर्णय लिया, हालाँकि जी डी आर को भी इस

48. F. Max Müller, Indian Friends. Delhi 1982, p. 82

मैक्स म्युलर भवन में छात्राएँ

संदर्भ में सचेत होना चाहिए था, खास कर क्योंकि जर्मनी में मैक्स म्युलर के जीवन के सारे पड़ाव पूर्वी हिस्से में, देस्साउ, त्सैब्स्ट, लाइपज़िग और बर्लिन के पूर्वी हिस्से में प्राचीन विश्वविद्यालय में थे। जबकि भारत के साथ पहले राजनयिक संपर्क का फ़ायदा उठाते हुए संघीय गणराज्य जर्मनी ने मैक्स म्युलर के नाम का उपयोग किया, जी डी आर की ओर से इस सिलसिले में कोई उत्सुकता नहीं दिखाई गई। अक्तूबर 1954 में भारत और जी डी आर ने वाणिज्य दूतावास खोलने का निर्णय लिया, लेकिन व्यापारिक संबंधों की स्थापना को वरीयता दी गई।

पूर्वी जर्मनी के विश्वविद्यालयों में आधुनिक भारतीय भाषाओं, साहित्य व आधुनिक इतिहास के अध्ययन का व्यावहारिक निर्णय भी शायद इसका एक कारण था। इस नई रुझान के चलते प्राचीन भारत पर शोध को पूर्वी जर्मनी में प्रोत्साहन नहीं दिया जा रहा था। लेकिन अगर गोएठे संस्थान को मैक्स म्युलर भवन का नाम दिया गया, तो इसका मतलब यह कतई नहीं है कि पश्चिम में मैक्स म्युलर पूरब के मुक़ाबले ज्यादा परिचित थे। सिर्फ प्राच्यविदों के बीच आदर और सम्मान के साथ उनका नाम लिया जाता था। कम से कम उनके जन्म नगर देस्साउ में अब कोशिश की जा रही है कि अज्ञान और उपेक्षा के इस लंबे दौर को ख़त्म किया जाए। दिसंबर 1992 से वहाँ के पुस्तकालय में लगाए गए एक फलक में बताया गया है कि इस नगर की संतान प्रोफ़ेसर मैक्स म्युलर एक विश्वप्रसिद्ध विद्वान थे। अगस्त 1993 से देस्साउ के एक स्कूल को उनका नाम दिया गया है। हाइडेलबर्ग, बॉन्न, मारबुर्ग, लाइपज़िग, बर्लिन व अन्य जर्मन विश्वविद्यालयों में मैक्स म्युलर की भावना में प्राचीन भारत का शोध जारी है।

मैक्स म्युलर की लंबी यात्रा के आरंभ में बचपन की उत्सुकता थी कि उस विचित्र तीर्थयात्री के बारे में जाना जाए, जो गंगा नहाने के लिए सीढ़ियों से उतर रहा था। उस उत्सुकता से जन्म ली शोधकर्ता की दृष्टि, हालाँकि भौगोलिक दूरी बनी रही। मैक्स म्युलर को विश्वास था कि आपसी समझ बढ़ाने के लिए अँधेरे मार्ग पर बढ़ने की तत्परता आवश्यक है, जो हमें सुदूर अतीत तक ले जाती है। जितना ही हम पीछे की ओर लौटेंगे, विभिन्न जातियों के इतिहास के बीच समानताएँ दृष्टिगोचर होंगी। म्युलर के मानवतावादी दृष्टिकोण में भारत के अध्ययन के माध्यम से भाषाओं,

विचारों, मिथकों और धर्मों के विश्व के मूल्यांकन की एक सर्वव्यापी दृष्टि उभरती है। उनकी मृत्यु के सौ साल बाद भी विश्वमैत्री का यह संदेश सिर्फ़ अतीत नहीं, बल्कि भविष्यमुखी है।

> *हम एक मंच पर हैं, जहाँ हमसे पहले अनेक अभिनेता आ चुके हैं, और अचानक हमसे कहा जाता है कि हम अपनी भूमिका निभाएँ। जो भूमिका हमें निभानी है, उसे समझने के लिए आवश्यक है कि हम उन चरित्रों को पहचानें, जिनकी जगह हमें लेनी है। हम उन दृश्यों पर नज़र डालते हैं, जिन पर अतीत का पर्दा गिर चुका है; यहाँ इतिहास आता है और हमें सूत्र देता है, जो वर्तमान को अतीत के साथ जोड़ते हैं। यह सच है कि अनेक दृश्य विलुप्त हो चुके हैं, और हम उन्हें फिर से प्राप्त नहीं कर सकते; और उनमें से सबसे रोचक, मानव योनि के शैशव के प्रारंभिक दृश्यों को हम केवल खंडित रूप में जानते हैं। लेकिन जब प्राचीन युग का अनुसंधानकर्ता उस युग के किसी*

दिल्ली में मैक्स म्युलर मार्ग

अवशेष को देखता है, फिर वह उसे उस जीवनीकार की उत्सुकता के साथ जकड़ लेता है, जो अप्रत्याशित रूप से काग़ज़ का एक टुकड़ा पा जाता है, जिस पर उसके वीर ने अपने बचपन में कुछ लिखा था। यह किसी भी भाषा में लिखी गई हो, हर पंक्ति, हर शब्द का स्वागत है, जो मानव योनि के प्रारंभिक दिनों का हो। अपने संग्रहालयों में हम अपने वीरों के बचपन के खिलौनों को रखते हैं और कोशिश करते हैं कि उनके नक्शों से उनकी चेतना का अनुमान लगाया जाए। अनेक चीज़ें हमारे लिए दुर्बोध्य हैं, और चित्रलिपि की प्राचीन भाषा हमें उनकी चेतना के अभिप्रायों के बारे में कम ही बताती हैं। लेकिन हम किसी भी क्षेत्र में आगे बढ़ें, धीरे-धीरे मानव का चित्र उन्मुक्त होता है, आरंभ से ही पवित्र : उनके भ्रमों को भी हम समझना सीखते हैं,—यहाँ तक कि उनके सपने भी हमारे सामने स्पष्ट होने लगते हैं।[49]

49. Max Müller, Essays, 2. Bd, Leipzig 1881, p. 6 f.

Glossary

Achelis, Thomas: Max Müller und die vergleichende Religionswissenschaft, in: Sammlung gemeinverständlicher wissenschaftlicher Vorträge, Heft 182, Hamburg 1893

Bharti, Brahm Datt: Max Muller A Lifelong Masquerade. New Delhi 1992

Chaudhuri, Nirad C.: Scholar Extraordinary, The Life of Professor The Rt. Hon. Friedrich Max Müller P. C., London 1974

Fontane, Theodor: Von Zwanzig bis Dreissig. Leipzig 1968

Irmscher, Johannes: Max Müller, der Biograph Wilhelm Müllers, in: Schriften der Internationalen Wilhelm-Müller-Gesellschaft, Berlin 1994

Klimkeit, Hans-Joachim: Friedrich Max Müller (1823–1900), in: Klassiker der Religionswissenschaft, München 1997

Life and Letters of the Right Honourable Friedrich Max Müller. 2 Bde, London, New York and Bombay 1902

Max-Müller-Ehrung der Stadt Dessau. (Autoren: Jablonowski, Ulla; Kehrer, Günter; Mehlig, Johannes; Raychaudri, Tapan; Rothermund, Dietmar; Schetelich, Maria; Stache-Rosen, Valentina; Voigt, Johannes H.) Dessau 1995

Mohandas Karamchand Gandhi – eine Autobiographie oder die Geschichte meiner Experimente mit der Wahrheit. Berlin 1982

Müller, F. Max: Aus meinem Leben. Gotha 1902

Müller, F. Max: India – What Can It Teach Us? Delhi 1991

Müller, Friedrich Max: Anthropological Religion. London 1892

Müller, Friedrich Max: Chips from a German Workshop. 4 Bde, London 1867–1875

Müller, Friedrich Max: Comparative Mythology. London 1856

Müller, Friedrich Max: Denken und Sprache, in: Philosophie als Sprachkritik im 19. Jahrhundert, Stuttgart-Bad Cannstatt 1971

Müller, Max: Biographies of Words and the Home of the Vedas. London 1905

Müller, Max: Essays. 2 Bde, Leipzig 1881

Müller, Max: Essays, Beiträge zur vergleichenden Religionswissenschaft. 2 Bde, Leipzig 1869

Müller, Max: Essays, Beiträge zur vergleichenden Religionswissenschaft. 1. Bd., 2. vermehrte Auflage, Leipzig 1879

Müller, Max: Essays, Beiträge zur Literaturgeschichte, Biographik und Altertumskunde. 3. Bd., Leipzig 1872

Müller, Max: Essays, Beiträge zur vergleichenden Religionswissenschaft. 4. Bd., Leipzig 1876

Müller, Friedrich Max: Indian Friends (Auld Lang Syne). Delhi 1982

Müller, F. Max: Indien in seiner weltgeschichtlichen Bedeutung. Leipzig 1884

Müller, Friedrich Max: Lectures on the Science of Languages. 2 Bde, London 1861/1864

Müller, Friedrich Max: Physical Religion. London 1891

Müller, Friedrich Max: Ramakrishna, His Life and Sayings. London 1898

Müller, Friedrich Max: The Science of Language. London 1861–1863

Müller, Max: Natürliche Religion. Leipzig 1890

Nachlass und Teilnachlass Wilhelm Müllers und Max Müllers in der Anhaltinischen Landesbücherei Dessau

Rau, Heimo: Der verehrte Pandit, in: Deutsche unter anderen Völkern, Darmstadt

Rothermund, Dietmar: Max Müller and India's Quest for a National Past. Delhi 1986

Sarkar, Susobhan: Bengal Renaissance and Other Eassays. New Delhi 1970

Schimmel, Annemarie: German Contributions to the Study of Indo-Pakistani Linguistics. Hamburg 1981

Trompf, G. W.: Friedrich Max Mueller As a Theorist of Comparative Religion. Bombay 1978

Voigt, Johannes H.: F. Max Mueller – the Man and his Ideas. Calcutta 1967